1

THIERRY TELPHON

Le docteur Thierry Telphon est médecin généraliste, phytothérapeute, installé à Paris depuis 1989. Il est également secrétaire adjoint de la Société française d'endobiogénie et de médecine (SFEEM, ex-SFPA, dirigée par les docteurs Christian Duraffoud et Jean-Claude Lapraz).

ABC
des huiles essentielles

POCKET *Évolution*

Des livres pour vous faciliter la vie !

Dans la collection ABC :

Carleen BINET
ABC de la morphopsychologie

Jacques CHOQUE
ABC de la relaxation

Valérie GAUTIER
ABC de la généalogie

Marie-Françoise LEMOINE
ABC du yoga

Christiane et Éric MAIZIERRE
ABC des élixirs floraux

Dr Thierry Telphon

en collaboration avec
Isabelle de Paillette

ABC
des
huiles essentielles

GRANCHER

Illustrations :
Illustrated flora of the northern states and Canada
USDA-NRCS Plants Database
Britton, N. L. and A. Brown, 1913

ISBN : 978-2-266-17684-2

Sommaire

Introduction

Utilisées depuis toujours par toutes les civilisations, les plantes ont apporté aide et réconfort aux maux les plus divers. Les huiles essentielles extraites de certaines plantes odoriférantes ont prouvé, à ce même titre, leur valeur inestimable pour la santé. Il faut garder à l'esprit que les huiles essentielles, comme l'ensemble des plantes médicinales, ont un rôle de médicament, que leurs actions thérapeutiques sont souvent puissantes et nécessitent qu'elles soient utilisées de manière appropriée, sinon elles peuvent induire des pathologies plus graves que le mal que l'on souhaite traiter.

L'automédication doit donc toujours se faire après un diagnostic bien posé, et sur une durée raisonnable de l'ordre de quelques jours à quelques semaines. Il s'agira d'un traitement purement symptomatique pour atténuer des maux décrits et reconnus par tous. Le traitement de terrain, destiné à restaurer durablement l'équilibre général, tant organique que neurovégétatif et endocrinien reste, bien entendu, du domaine exclusif de la prescription médicale.

Définition de l'aromathérapie

Aromathérapie vient du grec *aroma*, « odeur » et *thérapia*, « soins ». Il s'agit donc de soigner à l'aide de prin-

cipes odoriférants, en l'occurrence ici les huiles essentielles. Bien que l'aromathérapie fasse partie intégrante de la phytothérapie (du grec *phytos*, « plante »), ce mode de traitement mérite d'être développé à part entière.

DÉFINITION DE L'HUILE ESSENTIELLE

L'huile essentielle est un produit volatil, liquide ou semi-liquide, composé de molécules aromatiques sécrétées par certaines plantes ou certains arbres. Comme n'importe quelle huile, elle n'est pas soluble dans l'eau, cependant elle n'est pas un produit gras à proprement parler.

Le caractère volatil de l'huile essentielle lui confère un parfum souvent très odorant. Il est dit que plus l'huile est volatile, plus son parfum est fort.

Certains appellent les huiles essentielles « essences », d'autres réservent ce terme aux agrumes. Aussi, vous entendrez parler d'huile essentielle de pin, mais d'essence de citron ou de pamplemousse. Enfin, vous pourrez rencontrer dans certains ouvrages les termes d'« huiles éthérées » ou d'« essences aromatiques ».

Au XVIe siècle, le célèbre alchimiste Paracelse se plaisait à parler de quintessence de la plante, c'est-à-dire de l'essence la plus pure et la plus subtile. Si nous nous référons au *Larousse*, ce mot signifie « ce qu'il y a de meilleur ». En résumé, une huile essentielle est donc le meilleur qu'une plante puisse nous offrir !

Malheureusement, toutes les plantes ne sont pas à même de nous faire profiter d'un tel cadeau car très peu d'entre elles sécrètent une ou plusieurs huiles essentielles.

Identification de la plante avant extraction de l'huile essentielle

Trois critères doivent être précisés pour confirmer l'identification :

1) *L'espèce botanique* : elle est définie par le nom de genre et l'épithète qualificative, par exemple : *salvia officinalis* et *salvia sclarea*, respectivement sauge officinale et sauge sclarée. L'espèce peut, et parfois doit, être complétée par la variété quand elle existe, puisque la composition et les propriétés diffèrent de manière importante selon les variétés, par exemple : *lavandula vera*, variété fragrans (sauvage) et *lavandula vera*, variété maillette (cultivée).

2) *L'organe producteur* (o.p.) : il est important de préciser la partie du végétal, ou de l'arbre, d'où est extraite l'huile essentielle, car la composition de celle-ci peut varier de manière importante.

3) *La spécificité biochimique* : à l'intérieur d'une même espèce botanique, plusieurs paramètres peuvent déterminer la composition de la plante cultivée : la nature du sol, la région où se fait la récolte, mais aussi l'altitude où elle se développe. Le romarin, plante bien connue de tous, est l'exemple de référence : selon les régions où il pousse, il est possible de différencier trois romarins ayant une spécificité biochimique différente, d'où découlent des propriétés propres à chacun. Le romarin très riche en camphre originaire du sud de la France, le romarin riche en cinéole et le romarin majoritaire en acétate de bornyle et verbénone, soit *rosmarinus officinalis camphoriferum, rosmarinus officinalis cineoliferum* et *rosmarinus officinalis verbenoniferum.*

Partie de la plante d'où est extraite l'huile essentielle

La synthèse des huiles essentielles revient aux appareils sécréteurs contenus dans les organes végétaux.

Ces appareils sont essentiellement les cellules, les poils glandulaires, les canaux, et c'est l'espèce à laquelle appartient l'arbre ou la plante qui va déterminer lequel va entrer en action. Toutefois, une variance parfois importante est constatée dans la proportion des constituants de l'huile essentielle, selon la partie de la plante utilisée. Le meilleur exemple est l'oranger *(citrus aurantium)* qui, selon les parties d'où est extraite l'huile essentielle, c'est-à-dire l'écorce du fruit (zeste), les feuilles (dit Bigarade), ou les fleurs (dit Néroli), présente des propriétés différentes.

La présence d'huile essentielle dans les végétaux est d'une importance capitale pour les plantes elles-mêmes, car elles sont une protection face aux maladies et aux parasites. Elle agit aussi au niveau de leur reproduction. En effet, certaines plantes attirent à elles des insectes qui, friands de leur pollen, vont le transporter jusqu'à leur partenaire et permettre ainsi de perpétuer l'espèce végétale.

Modes d'extraction

L'huile essentielle est, le plus souvent, le résultat obtenu par la distillation à la vapeur d'eau de tout ou partie de la plante ou de l'arbre, réputé aromatique. Le processus d'extraction doit être exécuté dans les règles de l'art, de manière à obtenir une huile essentielle pure, exempte de résidus, et respecter au plus près sa composition biochimique d'origine. La présence de substances parasites ou de solvants signe une huile essentielle de mauvaise qualité. La chromatographie permet d'établir sa composition biochimique précise et d'attribuer à chaque variété sa propre carte d'identité. Une fois l'huile essentielle obtenue, elle doit être conservée au frais et à l'abri de la lumière.

Il existe trois méthodes d'extraction :

- l'enfleurage (ou extraction par les corps gras) ;
- l'extraction mécanique (ou extraction par pression à froid) ;
- la distillation par la vapeur d'eau.

L'ENFLEURAGE

Cette méthode très ancienne est surtout utilisée pour l'obtention d'une huile essentielle à partir de matière végétale délicate, comme par exemple des pétales de rose ou les fleurs de millepertuis, de jasmin, etc.

Elle consiste à incorporer la matière végétale choisie (pétales, feuilles fraîches, fleurs) dans un corps gras comme du saindoux ou de l'huile végétale, et à l'exposer au soleil pendant une quinzaine de jours. L'huile essentielle va alors se diffuser dans le corps gras.

On peut récupérer ensuite l'huile essentielle en utilisant un solvant organique qui dissout le corps gras.

L'EXTRACTION MÉCANIQUE À FROID OU EXPRESSION

Utilisée surtout en Italie, elle concerne exclusivement les agrumes (oranges, pamplemousses et citrons).

Pour obtenir l'huile essentielle, il suffit de presser le zeste de l'un de ces agrumes sous un filet d'eau continu puis de séparer l'huile de l'eau en utilisant un décanteur ou une centrifugeuse. Cette méthode est utilisée en raison de la grande fragilité des huiles essentielles obtenues.

LA DISTILLATION PAR LA VAPEUR D'EAU

Cette méthode est connue depuis des siècles et bien que tout le monde n'émette pas le même avis quant à l'origine de l'alambic (appareil indispensable à sa réalisation), nous en connaissons le procédé depuis le Moyen Âge et l'utilisons surtout depuis le XVIIIe siècle. Cette méthode est le seul mode d'extraction pour obtenir des huiles essentielles compatibles avec un usage thérapeutique.

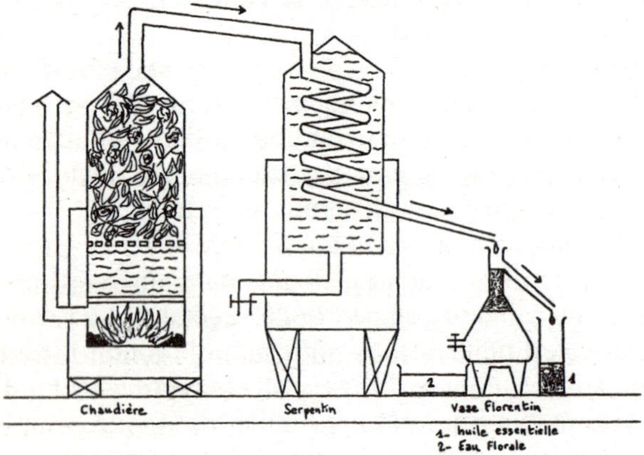

L'alambic, dont certains affirment qu'il nous vient des Arabes et d'autres des Égyptiens, ressemble à une grosse chaudière avec un col-de-cygne. Pour obtenir une huile essentielle à partir de cet appareil, on place dans sa cuve la plante ou la partie de plante récoltée à bonne maturité (feuilles, écorces, fleurs, etc.) dans laquelle passera un courant de vapeur d'eau chaude, qui entraînera avec lui l'huile essentielle, qui elle-même, après son passage dans un condensateur, sera refroidie et récupérée en bout de chaîne, à la surface de l'eau, dans un essencier nommé aussi vase florentin. L'eau, appelée alors petite eau, servira à la fabrication des eaux florales ou hydrolats ; quant à l'essence, elle subira d'abord une décantation avant d'être filtrée et conservée précieusement dans des récipients soigneusement fermés, à l'abri de la lumière et de l'air qui pourraient en altérer la qualité.

L'huile essentielle est extrêmement volatile, et plus légère que l'eau (exception faite de certaines comme celle de cannelle, de bouleau, de camomille, de girofle, de sassafras et de gaulthérie).

Les temps de distillation peuvent varier de plus d'une heure à quatre jours ou plus, avec des taux de rendement tout aussi variables et toujours très faibles. Cela va de 0,02 % pour la rose, à près de 20 % pour le clou de girofliier.

Le rendement d'extraction de l'huile essentielle variera en fonction de la plante et des parties utilisées (pétales, feuilles, baies, écorce, racines, bois, résine, gomme, etc.). Pour obtenir 500 grammes d'huile essentielle, il faudra environ 23 kg d'eucalyptus, 69 kg de lavande, 250 kg de sauge, de thym ou de romarin, et entre 1 000 à 1 500 kg de pétales de rose.

Ceci explique pourquoi les huiles essentielles ont donné lieu à une véritable industrie très onéreuse, car la culture des plantes, les cueillettes et l'extraction demandent de grands espaces nécessaires au stockage, ainsi que des appareils de forte contenance pour l'extraction. Le prix d'une huile essentielle dépend en bonne partie de ces paramètres.

Notion de qualité

Il faudra attacher une très grande importance à la qualité de l'huile essentielle utilisée, qui se doit d'être pure à

100 %. Il existe en effet beaucoup d'huiles essentielles dites « transformées », « rectifiées », « reconstituées », « déterpénées », etc., dont la composition n'a plus rien à voir avec l'huile essentielle d'origine qui doit pouvoir être identifiée de manière précise. L'identification peut être complète si le nom courant, la partie utilisée, la variété botanique (en latin), la région et le pays d'origine, ainsi que la mention « huile essentielle 100 % pure et naturelle » sont bien précisés.

Enfin, il faut savoir qu'il existe aussi une extraction par des solvants, ce qui permet d'améliorer le rendement d'extraction de l'huile essentielle : la présence de résidus contre-indique son usage à des fins thérapeutiques, mais peut, en revanche, être utilisée dans le domaine de la parfumerie. Selon les solvants utilisés, il est possible de distinguer les « concrètes », qui sont le résultat d'une solvabilisation à l'hexane, suivie d'une double distillation ; et les « absolues », obtenues par dilution dans l'alcool, suivies d'une double filtration et d'une double concentration.

Mode de conservation des huiles essentielles

Par nature, l'huile essentielle est très volatile et très fragile. Elle doit être conservée à l'abri de la lumière dans un flacon opaque, de l'air car elle s'oxyde facilement, et dans un endroit frais. En général, le délai de conservation peut aller de 6 mois à 3 ans, selon la nature de l'huile essentielle et la qualité de la conservation.

Composition biochimique de l'huile essentielle

Chaque huile essentielle a sa spécificité qui peut être établie par la technique dite de la chromatographie en phase gazeuse, la plus performante aujourd'hui. Elle permet de définir à la fois la qualité et la quantité des composants biochimiques qui composent l'huile essentielle. Elle permet aussi de confirmer la pureté de celle-ci, ou au contraire de démasquer un mélange de plusieurs huiles essentielles ou la présence de produits indésirables (solvants, pesticides, etc.). Chaque huile essentielle a donc sa propre carte d'identité. La « traçabilité », terme très à la mode ces temps-ci, permet donc un contrôle de qualité irréprochable de l'huile essentielle mise en vente.

Deux grands composants chimiques constituent les huiles : les phénols et les terpènes, auxquels s'ajoutent, dans de moindres proportions, les esters, les acides, les oxydes, les aldéhydes, les cétones, etc. Tous ont une action particulière.

C'est pourquoi la nature des composants d'une huile essentielle est déterminante pour connaître ses indications et ses contre-indications, et bien évidemment son mode d'emploi.

Il faut rappeler que pour une même plante, selon l'endroit où elle a été cultivée, l'ensoleillement qu'elle a reçu, l'époque à laquelle elle a été cueillie, etc., la quantité de ses composants chimiques peut ne pas être totalement identique. Deux huiles d'une appellation similaire sont donc susceptibles d'avoir une qualité différente.

Les composants les plus communément identifiés sont :

– les monoterpènes, connus pour leurs pouvoirs antalgiques et antiseptiques atmosphériques ;

– les sesquiterpénols, toniques généraux, immunostimulants, décongestionnants veineux et lymphatiques ;

– les phénols, anti-inflammatoires, anti-infectieux et stimulants immunitaires, à caractère tonique à faible dose, mais aussi toxique pour le foie à haute dose, et irritant pour les muqueuses ;

– les sesquiterpènes qui ont une action anti-inflammatoire, calmante et hypotensive ;

– les cétones, fluidifiants des sécrétions bronchiques et des graisses sous-cutanées, cicatrisants cutanés et anti-infectieux (notamment antiviraux et antiparasitaires), immunostimulants, sans oublier les effets stupéfiants à haute dose (c'est-à-dire, diminution de la sensibilité et donc de la réaction à toute stimulation) ;

– les aldéhydes, sédatifs nerveux et anti-inflammatoires ;

– les acides, anti-inflammatoires ;

– les esters, antispasmodiques, sédatifs et anti-inflammatoires ;

– les oxydes, réputés expectorants, mais certains s'avèrent très toxiques ;

– les coumarines, puissamment calmantes, mais responsables de sensibilisation cutanée lors de l'exposition aux rayons du soleil ;

– les éthers, antispasmodiques puissants et sédatifs ;

– les lactones, fluidifiants bronchiques et expectorants.

Et bien d'autres...

Propriétés des huiles essentielles

Comme cela a été évoqué précédemment, la proportion des divers éléments composant chaque huile essentielle diffère beaucoup. Les propriétés de l'huile essentielle se distinguent donc selon l'importance de tel ou tel élément présent dans sa composition. Cependant, certaines propriétés se retrouvent fréquemment pour un grand nombre d'essences :

– Les propriétés antiseptiques et anti-infectieuses :

elles sont très spécifiques aux huiles essentielles dans le domaine de la phytothérapie. Leur pouvoir antibactérien local ou général peut être facilement testé au moyen d'un aromatogramme, technique à rapprocher de celle de l'antibiogramme. Elle consiste à placer autant de pastilles voulues imprégnées, non pas d'antibiotiques, mais d'huiles essentielles différentes, sur un support nutritif sur lequel a poussé un genre prélevé sur un malade. On constate alors une disparition du germe autour des pastilles d'huiles essentielles auxquelles il est sensible. Hormis les propriétés antibactériennes, il existe le plus souvent des propriétés antivirales, antimycosiques et antiparasitaires.

– Les actions sur le système nerveux : beaucoup d'huiles essentielles ont une action sur le système neurovégétatif et le système nerveux central. Certaines huiles ont une propriété calmante, indiquée dans les états de nervosité et d'anxiété, alors que d'autres sont tonifiantes et donc très utiles sur des terrains dépressifs.

– Les effets de drainage : la plupart des huiles essentielles ont un fort pouvoir de drainage sur un ou plusieurs émonctoires tels que le foie, les intestins, les reins, mais aussi les poumons et la peau.

Hormis ces propriétés souvent communes, vous constaterez que chaque huile peut présenter une ou plusieurs actions thérapeutiques plus spécifiques, parmi lesquelles : des propriétés cicatrisantes, circulatoires, inflammatoires, antirhumatismales, immunostimulantes, hormonales, antitumorales, etc.

Les huiles essentielles : pourquoi les associer et comment les utiliser ?

L'intérêt des associations

Chaque huile essentielle est rarement utilisée seule car il est préférable qu'elle soit mélangée avec d'autres dans le but d'améliorer son action ou de compléter ses propriétés. Tout l'intérêt du mélange de plusieurs huiles essentielles repose sur la potentialisation de l'action thérapeutique désirée.

Prenons l'exemple des huiles essentielles de pin et d'eucalyptus, ayant chacune des propriétés expectorantes. La prise de 2 grammes de l'une ou l'autre de ces huiles aura une action moindre sur les bronches que le mélange de 1 gramme de chacune d'elles : c'est le principe de l'effet de synergie.

Attention, ce principe ne sera pas forcément obtenu en associant des plantes pour lesquelles il existe par ailleurs une incompatibilité biochimique.

Modes et voies d'utilisation

Mis à part les raisons évoquées précédemment, le choix du mélange dépendra aussi des modes d'utilisation possibles (voie interne ou externe), de l'âge du malade (certaines sont contre-indiquées chez l'enfant), voire de sa toxicité connue ou supposée.

Lorsque vous achetez une huile essentielle, vous devez toujours vérifier sur le flacon l'usage préconisé. En règle générale, lorsqu'il est inscrit qu'un usage externe est possible, cela signifie que l'huile essentielle n'est pas pure, car, hormis certaines huiles comme la lavande, souvenez-vous qu'une huile essentielle pure en contact direct avec la peau entraîne souvent des réactions d'irritation, voire d'allergie.

L'huile essentielle représente 5 à 15 % du volume de la préparation utilisée. Elle peut être associée à du miel ou du sucre, de l'huile végétale, de l'alcool, à un dispersant (labrafil® ou disper®) ou à tout autre support comestible, comme de la mie de pain. Il est possible, par exemple, de préparer un mélange de 10 à 50 grammes d'huile essentielle dans 500 grammes de miel liquide, ou de prendre ponctuellement 5 gouttes d'huile essentielle dans une cuillère à café de miel ou d'huile d'olive (première pression à froid), ou encore 1 goutte d'huile essentielle mélangée à 1 goutte de disper® et 8 gouttes d'eau. Retenez qu'un flacon de 15 ml contient environ 600 gouttes.

Les principales voies d'utilisation

En usage externe

Excepté les possibles réactions d'intolérances cutanées, l'usage externe est une méthode très pratique, car aisément applicable par tous. Cela peut aller de la friction au bain, en passant par l'inhalation et les compresses. La diffusion aérienne au moyen de diffuseurs reste très employée. L'enveloppement (compliqué à mettre en œuvre), les bains de pieds ou de siège (très simples à effectuer) ne sont malheureusement plus appliqués.

Voici quelques conseils pratiques qui feront de ces instants un moment privilégié pour votre corps et votre mental, car, si le caractère curatif des huiles essentielles est une évidence pour le corps, elles ont aussi cette faculté formidable d'agir sur notre psychisme.

– *Le bain aromatique* :
Vous pouvez soit acheter directement une préparation pour bains aromatiques et verser le contenu de 1 à 2 bou-

chons dans l'eau de votre bain que vous aurez pris soin de faire couler de préférence assez chaude (sauf en cas de mauvaise circulation), soit vous faire vous-même votre préparation.

Dans ce dernier cas, mélangez 6 à 10 gouttes d'une huile essentielle, dont l'usage externe est possible, avec un peu de shampooing ou d'huile d'amande douce et versez votre préparation dans l'eau du bain.

Attention, ne mettez jamais une huile essentielle directement dans l'eau du bain, elle doit absolument être diluée auparavant, afin d'éviter des réactions désagréables de la peau et des muqueuses.

Retenez bien que les bains aromatiques sont totalement interdits aux nourrissons et aux jeunes enfants.

– *La friction ou le massage* :
La friction et le massage sont des gestes que les anciens connaissaient bien puisqu'ils étaient déjà utilisés par les peuples égyptiens et grecs à l'aide de baumes et d'onguents à base d'huiles essentielles.

La friction et le massage, qui consistent à frotter ou à masser à mains nues les parties souffrantes de notre corps, ont un effet énergisant et relaxant qui se trouve amplifié par l'action des huiles essentielles.

Vous l'apprécierez dans de nombreux cas, aussi bien sur un plan thérapeutique, que pour ressentir une impression de bien-être et de soulagement. C'est pourquoi, il est recommandé de vous frictionner ou de vous masser (ou mieux encore, de demander à quelqu'un de vous le faire !) dès que vous en ressentez le besoin.

Si vous choisissez le soir, attendez une bonne demi-heure après votre massage pour vous laver, car l'eau risquerait de diminuer l'effet des huiles essentielles.

N'hésitez pas à avoir recours aux huiles essentielles lors de douleurs d'ordre articulaire ou musculaire, de migraines, d'insomnies, de dépression, de problèmes digestifs ou encore respiratoires, etc.

– *L'inhalation* :
Cette méthode est connue de tous. Elle consiste à déposer quelques gouttes d'un mélange d'huiles essentielles soit dans un inhalateur, soit dans un grand bol, puis de verser de l'eau très chaude et de respirer la vapeur d'eau (en tenant la tête sous une serviette si vous avez choisi la méthode du bol). Il ne faut pas prolonger trop longtemps la durée d'inhalation, car un excès d'exposition peut entraîner des irritations au niveau du nez et des bronches. Une grande prudence est à respecter pour les sujets ayant tendance à faire de l'asthme. Il faut garder à l'esprit que l'inhalation, contrairement à la friction ou au massage, est une méthode qui se rapproche beaucoup de la voie interne, car la diffusion des huiles essentielles se fait en profondeur, au niveau des alvéoles pulmonaires, passant ainsi très rapidement dans la circulation sanguine.

– *Le diffuseur d'arômes ou nébulisateur* :
Le principe du diffuseur est de répandre dans l'atmosphère une sorte de brouillard très fin. Ce brouillard, d'une part, capte les poussières et de ce fait purifie l'air et, d'autre part, vous permet de respirer un air chargé en huiles essentielles qui pénétreront votre organisme grâce à l'air que vous inspirez.

Le diffuseur d'arômes est électrique et vous le trouverez dans les pharmacies, les herboristeries, certaines parapharmacies et divers magasins spécialisés en produits naturels. Son utilisation est simple : il suffit de verser quelques gouttes d'huiles essentielles de votre choix et de le laisser branché environ une demi-heure le matin et le soir. N'oubliez pas que les huiles essentielles sont des produits actifs, aussi ne le laissez pas branché toute la journée et prenez soin de changer d'huile environ tous les huit jours, car elle se dégrade vite au contact de l'air. L'usage du diffuseur doit toujours être limité dans le temps, en raison de l'action thérapeutique des huiles essentielles. Il sera mis à profit pour assainir une pièce mal aérée, ou en prévention lors d'épidémies de rhumes hivernaux, y compris sur le lieu de votre travail !

Lors de l'achat de votre diffuseur, le point à surveiller est le bruit que l'appareil peut occasionner. En effet, certains sont plus bruyants que d'autres !

Si le diffuseur d'arômes vous est fort utile lors d'affections pulmonaires, vous l'apprécierez tout autant pour rendre une atmosphère paisible lors d'une période stressante.

– *L'humidificateur* :
C'est une version très simplifiée du diffuseur : versez quelques gouttes d'huiles essentielles dans l'eau de votre humidificateur, vous assainirez ainsi l'atmosphère de votre pièce, mais les propriétés des huiles seront mal préservées en raison de la chaleur du radiateur, et vous n'obtiendrez pas forcément l'effet thérapeutique que vous recherchez.

EN USAGE INTERNE

Attention, certaines huiles essentielles peuvent être très toxiques, ou présenter des contre-indications importantes à respecter, aussi vérifiez toujours l'étiquette du flacon et en cas de doute, n'hésitez pas à demander conseil à votre médecin ou à votre pharmacien.

– *Bain de bouche et gargarisme* :
Quelques gouttes d'huiles essentielles mélangées à de l'eau chaude peuvent servir pour un bain de bouche ou un gargarisme, principalement à visée anti-infectieuse ou anti-inflammatoire.

– *Ingestion par voie buccale* :
L'utilisation des huiles essentielles par voie buccale doit être en général réservée à la prescription médicale, car les effets d'une huile essentielle sur l'organisme sont souvent très vastes et doivent pouvoir être maîtrisés. Elles agissent sur de nombreuses fonctions importantes de l'organisme, comme celles du foie, du pancréas, de l'estomac et des intestins, mais aussi de l'immunité, des systèmes nerveux végétatif et central, sans oublier leurs rôles sur certains équilibres hormonaux. La prudence s'impose donc sur ces points, de même que la vigilance ne se relâchera pas à propos des effets secondaires possibles et de la toxicité potentielle.

Le dosage des huiles essentielles est très important et vous ne devez jamais les absorber pures : toutes les huiles essentielles doivent être diluées. Aussi, mélangez le nombre de gouttes nécessaires à votre traitement de la manière indiquée précédemment.

– *Voies rectale et vaginale* :
L'utilisation de ces voies est, tout comme la voie buccale, réservée à la prescription médicale. Cela se fera, soit sous forme liquide à l'aide d'une poire rectale, soit sous forme de suppositoire ou d'ovule. Ces voies thérapeutiques se révèlent extrêmement efficaces pour venir à bout d'affections urinaires ou génitales rebelles à tout traitement classique.

Mise en garde sur les effets toxiques et indésirables de certaines huiles essentielles

Vous devez garder à l'esprit le pouvoir extrême de l'huile essentielle à l'état pur, et donc sa toxicité potentielle lorsqu'elle est prise à des doses non conventionnelles.

Compte tenu de ce caractère très puissant, il faudra, en cas d'ingestion accidentelle d'une huile essentielle pure par un enfant ou même un adulte, faire appel immédiatement au centre antipoison le plus proche.

Vous devrez toujours vous poser des questions sur les huiles essentielles que vous souhaitez utiliser, à savoir :

– leur toxicité envers certains organes (notamment le foie et le système nerveux) ;

– les réactions allergiques possibles, connues ou non connues ;

– leur effet photosensibilisant éventuel, car lorsque l'huile essentielle est appliquée sur la peau, il peut s'ensuivre des réactions cutanées fâcheuses, comme des réactions inflammatoires ou des pigmentations à la suite d'une exposition au soleil ;

– leur possible contre-indication dans certains états ou pour certaines pathologies (grossesse, hypertension, diabète, cancer, etc.).

Posologies : conseils et mises en garde

En dehors d'une prescription médicale dûment établie, la voie orale est formellement contre-indiquée chez l'enfant de moins de 3 ans, et la voie externe doit être utilisée avec une extrême prudence.

Pour l'enfant de plus de 3 ans : 1 à 3 gouttes par jour (les huiles essentielles riches en phénols et cétones sont fortement déconseillées).

Pour l'adulte : 1 goutte par 25 kg de poids, de 1 à 3 fois par jour.

La durée de traitement en automédication ne doit pas excéder plus de 15 jours. Un avis médical est toujours souhaitable pour connaître l'origine du problème que vous souhaitez régler.

OÙ ET COMMENT ACHETER LES HUILES ESSENTIELLES ?

La qualité d'une huile essentielle est primordiale pour espérer en obtenir tous les effets bénéfiques décrits.

Vous en trouverez directement chez les producteurs, dans les pharmacies, les rares herboristeries qui subsistent, les magasins d'alimentation biologique, et sur certains marchés, notamment en Provence.

Toutes ne peuvent être employées pour un usage thérapeutique. N'achetez que les huiles ou les essences qui portent le label certifiant leur qualité et qui sont issues de la culture biologique.

Lors de votre achat, vérifiez que l'étiquette du flacon comporte bien le nom latin complet de la plante, la partie utilisée et l'indication « 100 % naturelle ». N'hésitez pas à demander au vendeur l'origine de ses flacons ; s'il est sérieux, il devrait vous répondre sans hésitation.

Apprenez aussi que certaines huiles essentielles sont interdites à la vente libre. C'est le cas, entre autres, pour l'huile essentielle d'absinthe ou d'anis dont l'usage pourrait être détourné par le consommateur.

Pour rappel, les huiles essentielles non utilisables pour un usage thérapeutique sont :

– les huiles déterpénées, c'est-à-dire les huiles qui ont été rectifiées, dont la composition a été modifiée en lui ôtant certains terpènes. L'huile essentielle perd alors sa qualité et risque de ne pas montrer toute son efficacité lors de votre traitement ;

– les huiles essentielles reconstituées qui sont en fait un mélange de plusieurs huiles essentielles. La composition de l'huile ainsi obtenue peut se rapprocher fortement de l'huile initiale, mais les propriétés ne sont pas totalement similaires ;

– les huiles essentielles de synthèse qui n'ont rien de naturel, elles sont obtenues à partir de molécules chimiques et servent souvent à la fabrication de certains encens ou parfums d'ambiance. En aucun cas, elles ne peuvent être prises en compte pour un traitement thérapeutique !

RAPPEL TRÈS IMPORTANT

En dehors d'une prescription médicale dûment établie, la voie orale est formellement contre-indiquée chez l'enfant de moins de 3 ans et la voie externe doit être utilisée avec une extrême prudence.

Pour l'enfant de plus de 3 ans, la posologie sera, au grand maximum, de 1 à 3 gouttes par 24 heures.

Retenez, de même, que les bains aromatiques sont totalement interdits aux nourrissons et aux jeunes enfants. Enfin, en cas d'ingestion accidentelle d'une huile essentielle pure par un enfant, ou même un adulte, faire appel immédiatement au centre antipoison le plus proche.

Les maladies et leurs traitements

Précision sur le choix de la méthode de dosage des huiles essentielles dans les formules proposées

Les huiles essentielles sont de puissants remèdes, très actifs dès la première goutte. Il faut savoir que chaque huile essentielle a une densité qui lui est propre. En prenant les extrêmes, l'huile essentielle de millepertuis a une densité de 0,79 (celle de l'eau est de 1), alors que celle de gaultherie est de 1,18, cela représente un écart de 34 %. Ce qui veut dire que pour 1 gramme d'huile essentielle de millepertuis, il faudra verser 40 gouttes, alors qu'environ 54 gouttes seront nécessaires pour obtenir 1 gramme d'huile essentielle de gaulthérie. C'est donc par souci d'exactitude que le dosage des huiles essentielles proposé dans les formules est exprimé en gramme lorsque l'on dépasse les 5 à 6 gouttes.

Vous pouvez cependant évaluer en moyenne 1 goutte à 22 mg, à l'aide d'un compte-gouttes étalonné Codex. Un gramme d'huile essentielle représente donc environ 45 gouttes.

Il est cependant préférable, soit de se procurer les huiles essentielles auprès de votre pharmacien qui les dosera avec rigueur, ou bien de le faire vous-même avec une balance de haute précision.

ABCÈS DENTAIRE

Poche de pus survenant au niveau d'une gencive, qui se traduit par un gonflement plus ou moins douloureux. L'abcès peut être accompagné de fièvre.
Dans tous les cas, une consultation chez le dentiste est fortement conseillée.

Traitement :

Local :

HE : ☛ BAY
☛ CAJEPUT
☛ GIROFLIER

Versez 1 goutte de chaque huile essentielle pure sur un petit morceau de coton que vous posez directement sur la zone abcédée et laissez en place le plus longtemps possible. Renouvelez l'application plusieurs fois dans la journée.

ACNÉ JUVÉNILE

Inflammation des follicules pilo-sébacés due à une sécrétion de sébum trop importante, bouchant les pores de la peau. L'acné se présente d'abord sous forme de comédons (points noirs) qui peuvent se transformer en pustules. Il se localise surtout au niveau du visage et du dos.
En cas de bouton inflammatoire, il est déconseillé de chercher à le percer.

Traitement :

Local :

HE : ☛ GÉRANIUM ROSAT
☛ PALMA-ROSA
☛ SOUCI

Ajoutez 1 gramme de chaque huile essentielle au mélange suivant :

* 15 grammes d'huile d'amande douce
* 15 grammes d'huile d'avocat
* 5 grammes d'huile de noisette
* 5 grammes d'huile de germe de blé

Appliquez cette préparation matin et soir sur la peau, après un nettoyage doux avec une eau minérale.

ACNÉ ROSACÉE

Affection de la peau touchant davantage les femmes. Elle se caractérise par de la couperose et des pustules principalement au niveau des joues et du nez.

Traitement :

Local :

HE : ☛ SOUCI
☛ SAUGE OFFICINALE
☛ MENTHE POIVRÉE

Ajoutez 1 gramme de chaque huile essentielle au mélange suivant :

* 15 grammes d'huile d'amande douce

* 15 grammes d'huile d'olive (première pression à froid)
* 10 grammes d'huile de macadamia
* 10 grammes d'huile d'aloès.

Appliquez cette préparation matin et soir sur la peau, après un nettoyage doux avec une eau minérale.

ALOPÉCIE

Caractérisée par la perte des cheveux, l'alopécie touche surtout les hommes. Elle peut être consécutive à des carences en vitamines et oligo-éléments, à une maladie de la peau, à la prise de certains médicaments, à de mauvais traitements du cuir chevelu mais aussi le plus souvent à un déséquilibre général de l'organisme.
Cependant, perdre modérément ses cheveux à l'automne et au printemps peut être considéré comme normal.

Traitement :

Local :

HE : ☛ SAUGE
☛ LAVANDE
☛ MARJOLAINE

Mélangez 2 grammes de chaque huile essentielle dans un flacon de lotion capillaire de 125 ml, conseillée par votre pharmacien. Agitez bien le flacon avant l'emploi, puis pratiquez un massage doux de l'ensemble du cuir chevelu matin et soir. Laissez reposer environ une demi-heure et rincez.

Ou bien : ajoutez 2 à 3 grammes de chaque huile essentielle à 125 ml d'un mélange à part égale d'huile d'avocat, d'huile de carthame, d'huile de pépins de raisin, d'huile d'amande douce et d'huile de germe de blé.
Le soir, pratiquez un massage doux de plusieurs minutes de l'ensemble du cuir chevelu. Laissez agir environ une demi-heure et rincez.

ALOPÉCIE SÉBORRHÉIQUE

Perte des cheveux consécutive à une sécrétion excessive de sébum.

Traitement :

Local :

HE : ☛ SAUGE
☛ CITRON JAUNE
☛ CÈDRE DE L'ATLAS

Mélangez 2 grammes de chaque huile essentielle dans un flacon de lotion capillaire de 125 ml, conseillée par votre pharmacien. Agitez bien le flacon avant l'emploi, puis pratiquez un massage doux de l'ensemble du cuir chevelu matin et soir. Laissez reposer environ une demi-heure et rincez.

Ou bien : ajoutez 2 à 3 grammes de chaque huile essentielle à la préparation suivante :
- 30 ml d'huile d'avocat
- 30 ml de carthame
- 30 ml de pépins de raisin
- 30 ml de germe d'amande douce
- 5 ml d'huile de germe de blé

Pratiquez le soir un massage doux de plusieurs minutes de l'ensemble du cuir chevelu. Laissez agir environ une demi-heure et rincez.

AMYGDALITE

Inflammation aiguë, parfois chronique, des amygdales, sans préjuger de sa cause, cette dernière étant le plus souvent de nature virale.
L'amygdalite donne lieu à des douleurs de gorge et à une difficulté à la déglutition. Elle peut être accompagnée de fièvre.

Traitement :

Local :

HE : ☛ LAVANDE ASPIC
☛ BASILIC
☛ MÉLALEUQUE

Mélangez 1 goutte de chaque huile essentielle dans un demi-verre d'eau chaude (37°) et gargarisez-vous pendant 1 à 2 minutes.
Renouvelez ce traitement 2 à 3 fois dans la journée.

Ou bien : badigeonnez les amygdales à l'aide d'un coton-tige (dont vous renforcez de coton l'une des extrémités) avec la préparation suivante : mélangez 1 goutte de chaque huile essentielle à 10 à 15 gouttes d'huile d'olive première pression à froid.
Renouvelez ce traitement 2 à 3 fois dans la journée.

ANGINE

En terme général, il s'agit d'une inflammation de la gorge, touchant les amygdales et le pharynx.
L'angine peut être rouge, elle est dans ce cas le plus souvent d'origine virale, ou blanche, un prélèvement bactérien est alors conseillé.
Cette affection s'accompagne fréquemment d'une fièvre, de douleurs au niveau de la gorge et d'une difficulté à la déglutition.
En cas de symptômes persistants au-delà de 24 à 48 heures, une consultation chez un médecin est fortement conseillée.

Traitement :

Local :

HE : ☛ EUCALYPTUS
☛ NIAOULI
☛ ROMARIN

Mélangez 1 goutte de chaque huile essentielle dans un demi-verre d'eau chaude (37°) et gargarisez-vous pendant 1 à 2 minutes.
Renouvelez ce traitement 2 à 3 fois dans la journée.

Ou bien : badigeonnez les amygdales à l'aide d'un coton-tige dont vous renforcez de coton l'une des extrémités, avec la préparation suivante : mélangez 1 goutte de chaque huile essentielle à 10 à 15 gouttes d'huile d'olive première pression à froid.
Renouvelez ce traitement 2 à 3 fois dans la journée.

ANGOISSE

Aboutissement d'une anxiété exacerbée et dont le phénomène ressenti est incontrôlable.
L'angoisse peut se traduire par une sensation d'oppression, de gorge nouée, de nausées, de vertiges ou encore par l'impression d'être séparé de soi-même ou de la réalité, voire parfois de la survenue d'une mort imminente.

Traitement :

Local :

HE : ☛ IRIS
☛ ORANGER AMER
☛ CATAIRE

Massez-vous doucement au niveau du plexus, du thorax et des épaules, en introduisant 2 grammes de chaque huile essentielle au mélange suivant :

- ✻ 30 grammes d'huile de millepertuis
- ✻ 30 grammes d'huile d'olive (première pression à froid) ou d'avocat

Renouvelez ce traitement 1 à 2 fois dans la journée, si nécessaire.

Oral :
Prenez 1 goutte de chaque huile essentielle, au moment du repas, soit dans un grand verre d'eau ou de jus de fruits selon vos goûts, ou bien dans une cuillerée à dessert d'huile d'olive ou de tournesol (première pression à froid), ou bien de miel de lavande, ou tout simplement sur un ou deux sucres.
Renouvelez ce traitement 2 à 4 fois dans la journée.

ANXIÉTÉ

Contrairement à l'inquiétude qui généralement a une cause réelle, l'anxiété est un état permanent d'appréhension des événements de quelque nature qu'ils soient et sans que cela soit justifié.

Traitement :

Local :

HE : ☛ ÉRIOCÉPHALÉE
☛ DAVANA
☛ MÉLISSE

Massez-vous doucement au niveau du plexus, du thorax et des épaules, avec la préparation suivante :

- ✻ 2 grammes de chaque huile essentielle
- ✻ 30 grammes d'huile de millepertuis
- ✻ 30 grammes d'huile d'olive (première pression à froid) ou d'avocat

Renouvelez ce traitement 1 à 2 fois dans la journée, si nécessaire.

Oral :
Prenez 1 goutte de chaque huile essentielle, au moment du repas, soit dans un grand verre d'eau ou de jus de fruits selon vos goûts, ou bien dans une cuillerée à dessert d'huile d'olive ou de tournesol (première pression à froid), ou bien de miel de lavande, ou tout simplement sur un ou deux sucres.
Renouvelez ce traitement 2 à 4 fois dans la journée.

APHONIE

Extinction de voix due à une inflammation du larynx (voir laryngite). Elle survient souvent à la suite d'une grande fatigue ou d'un stress important.
Si vous souffrez d'une extinction de voix et que vous ne constatez pas d'amélioration au bout de 24 à 48 heures malgré votre traitement, consultez un médecin.

Traitement :

Local :

HE : ☛ HÉLICHRYSE VERTE
☛ LIMETTE
☛ VERVEINE ODORANTE

Mélangez 1 goutte de chaque huile essentielle dans un demi-verre d'eau chaude (37°) et gargarisez-vous pendant 1 à 2 minutes.
Renouvelez ce traitement 2 à 3 fois dans la journée.

Oral :

HE : ☛ THYM
☛ SARRIETTE
☛ ÉPINETTE NOIRE

Prenez 1 goutte de chaque huile essentielle, au moment du repas, soit dans un grand verre d'eau ou de jus de fruits selon vos goûts, ou bien dans une cuillerée à dessert d'huile d'olive (première pression à froid), ou bien de miel, ou tout simplement dans un peu de mie de pain.
Renouvelez ce traitement 2 à 4 fois dans la journée.

APHTE

Petite ulcération qui survient dans la bouche, notamment au niveau des bords de la langue, des gencives et des joues et qui se présente sous la forme d'une petite cloque qui rapidement laisse place à une ulcération de couleur jaunâtre.
L'aphte est une affection bénigne mais douloureuse.
Certains aliments (noix, gruyère, ananas, etc.) peuvent être responsables de leur apparition. Si vous y êtes sensibles, supprimez-les de votre alimentation.

Traitement :

Oral :

HE : ☛ FENOUIL
☛ LAVANDE
☛ SAUGE

Si l'aphte est isolé : versez 1 goutte de chaque huile essentielle sur un petit morceau de coton et posez-le directement sur la lésion. Laissez le coton en place le plus longtemps possible.
Renouvelez l'application plusieurs fois dans la journée.

S'il y en a plusieurs : versez 1 goutte de chaque huile essentielle dans un demi-verre d'eau chaude (37°). Mélangez bien. Chaque bain de bouche doit durer environ 1 à 2 minutes, à raison de 2 à 3 fois dans la journée.

APPRÉHENSION

Sentiment diffus de peur devant certains événements (prendre l'avion, passer un examen, etc.) qui peut s'accompagner de troubles physiques désagréables (mains moites, diarrhée, nausées, etc.).
L'appréhension est l'apanage des terrains anxieux.

Traitement :

Local :

HE : ☛ ÉRIOCÉPHALÉE
☛ MANDARINIER
☛ CUMIN

Massez le plexus, le thorax et les épaules avec la préparation suivante :

✱ 2 grammes de chaque huile essentielle
✱ 30 grammes d'huile de millepertuis
✱ 30 grammes d'huile d'olive (première pression à froid) ou d'avocat

Renouvelez l'opération 1 à 2 fois dans la journée, si nécessaire.

Oral :

Prenez 1 goutte de chaque huile essentielle, au moment du repas, soit dans un grand verre d'eau ou de jus de fruits selon vos goûts, ou bien dans une cuillerée à dessert d'huile d'olive ou de tournesol (première pression à froid), ou bien de miel de lavande, ou tout simplement sur un sucre.
Renouvelez ce traitement 2 à 4 fois dans la journée.

ARTHRITE

Affection d'ordre inflammatoire qui touche une ou plusieurs articulations en même temps et donne lieu à des douleurs, le plus souvent ressenties la nuit.
Selon son origine, l'arthrite peut être aiguë ou chronique. Devant la diversité de ses causes (germe infectieux, acide urique, maladies du système nerveux, etc.), il est impératif de consulter votre médecin pour qu'il détermine le traitement spécifique qui convient à votre cas.

Traitement :

Local :

HE : ☛ BOULEAU
☛ CAMPHRIER
☛ SAUGE

Appliquez matin et soir sur l'articulation douloureuse et inflammatoire le mélange suivant :

- ✱ 2 grammes de chaque huile essentielle
- ✱ 20 grammes d'huile de millepertuis
- ✱ 20 grammes d'huile d'arnica
- ✱ 20 grammes d'huile d'olive (première pression à froid)

ASTHÉNIE SEXUELLE

D'origine psychologique ou physique, la fatigue sexuelle se caractérise par une diminution du désir et de la fréquence des rapports.
Elle peut être la conséquence d'un stress trop important (travail trop intensif et prolongé, chômage, divorce, deuil, etc.) mais le plus souvent, elle témoigne d'un déséquilibre général de l'organisme.
N'ayez aucune honte à en parler à votre médecin qui, s'il le juge nécessaire, vous conseillera tout en vous apportant un soutien psychologique.

Traitement :

Local :

HE : ☛ YLANG-YLANG
☛ MENTHE POIVRÉE
☛ GINGEMBRE

Par un massage doux, appliquez matin et soir au niveau des membres et du dos la préparation suivante :

- ✻ 2 grammes de chaque huile essentielle
- ✻ 30 grammes d'huile d'amande douce
- ✻ 30 grammes d'huile de noyaux d'abricot

ASTHME

Expression d'une hyperréactivité des bronches se traduisant par un spasme intense plus ou moins prolongé. Il induit une respiration sifflante avec une difficulté à expirer. Sa cause a des origines diverses :
– soit elle est locale, en raison d'une intolérance des voies respiratoires à certaines substances (poils d'animaux, acariens, poussières, pollens, produits chimiques, etc.) ;
– soit elle est d'origine générale, principalement induite par une réaction au stress ou à l'effort.
L'asthme intervient souvent le soir ou la nuit, par crises dont l'intensité peut être variable. Lorsque ces crises sont répétitives, un traitement de fond s'impose.
La survenue d'une crise d'asthme sévère est une urgence médicale.

Traitement :

Local :

HE : ☛ LAVANDE OFFICINALE
☛ CAMOMILLE ROMAINE
☛ NIAOULI

Frictionnez-vous doucement le thorax avec la préparation suivante :

- ✻ 2 à 3 grammes de chaque huile essentielle
- ✻ 30 grammes d'huile d'arnica
- ✻ 30 grammes d'huile d'amande douce
- ✻ 30 grammes d'huile de tournesol (première pression à froid)

Renouvelez l'opération 2 à 4 fois dans la journée, si nécessaire.

Oral :
Prenez 1 goutte de chaque huile essentielle au moment du repas, soit dans un grand verre d'eau ou de jus de fruits, soit dans une cuillerée à dessert d'huile d'olive (première pression à froid), ou bien de miel de lavande, ou tout simplement dans un peu de mie de pain.
Renouvelez ce traitement 2 à 4 fois dans la journée.

BALLONNEMENTS INTESTINAUX

L'accumulation de gaz au niveau des intestins est le plus souvent due à une réactivité particulière de certaines personnes à certains aliments : flageolets, fèves, pain, choux, etc. Mais cela peut aussi être le fait d'une digestion incomplète des aliments ingérés.
Les douleurs ressenties sont généralement la conséquence d'une dilatation trop importante des intestins.

Traitement :

Local :

HE : ☛ CUMIN
☛ MENTHE POIVRÉE
☛ CARDAMOME

Massez-vous doucement le ventre dans le sens des aiguilles d'une montre avec la préparation suivante :
* 2 grammes de chaque huile essentielle
* 30 grammes d'huile de millepertuis
* 30 grammes d'huile d'olive (première pression à froid)

Renouvelez l'opération 1 à 2 fois dans la journée, si nécessaire.

Oral :
Prenez 1 goutte de chaque huile essentielle au moment du repas, soit dans un grand verre d'eau ou de jus de fruits soit dans une cuillerée à dessert d'huile d'olive (première pression à froid), ou bien de miel de lavande, ou tout simplement dans un peu de mie de pain.
Renouvelez ce traitement 1 à 2 fois dans la journée.

BRONCHITE AIGUË

Inflammation aiguë des bronches, d'origine infectieuse, qui s'accompagne d'une toux qui, dans certains cas, peut être productive (expectorations de glaires). Elle est généralement accompagnée de fièvre.
La bronchite aiguë nécessite une consultation chez votre médecin.

Traitement :

Local :

HE : ☛ EUCALYPTUS var. *globulus*
☛ MARJOLAINE À COQUILLES
☛ LAVANDE OFFICINALE

Procédez à une friction énergique du thorax avec la préparation suivante :
- ✱ 2 à 3 grammes de chaque huile essentielle
- ✱ 10 grammes d'huile d'arnica
- ✱ 10 grammes d'huile d'amande douce

* 10 grammes d'huile de tournesol (première pression à froid)

Renouvelez l'opération 2 à 4 fois dans la journée, si nécessaire.

Oral :
Prenez 1 goutte de chaque huile essentielle au moment du repas, soit dans un grand verre d'eau ou de jus de fruits, soit dans une cuillerée à dessert d'huile d'olive (première pression à froid), ou bien de miel de thym, ou tout simplement dans un peu de mie de pain.
Renouvelez ce traitement 2 à 4 fois dans la journée.

BRONCHITE CHRONIQUE

Hypersécrétion permanente des bronches ou par épisodes réguliers. La personne tousse et crache. Cette affection se rencontre fréquemment chez les fumeurs, mais peut être aussi le fait de la pollution.
La bronchite chronique pouvant conduire à l'insuffisance respiratoire, il est impératif de cesser de fumer. L'arrêt du tabac nécessite parfois un accompagnement médical pour être mené à bien, aussi n'hésitez pas à vous faire aider. Sachez qu'il existe aujourd'hui des consultations antitabac dans certains hôpitaux.

Traitement :

Local :

HE : ☛ MYRTE COMMUN
☛ SASSAFRAS
☛ BOIS DE ROSE

Procédez à une friction énergique du thorax avec la préparation suivante :

* 2 à 3 grammes de chaque huile essentielle
* 10 grammes d'huile d'arnica
* 10 grammes d'huile d'amande douce
* 10 grammes d'huile de tournesol (première pression à froid)

Renouvelez l'opération 2 à 4 fois dans la journée, si nécessaire.

Oral :
Prenez 1 goutte de chaque huile essentielle au moment du repas, soit dans un grand verre d'eau ou de jus de fruits, soit dans une cuillerée à dessert d'huile d'olive (première pression à froid), ou bien de miel de thym, ou tout simplement dans un peu de mie de pain.
Renouvelez ce traitement 2 à 4 fois dans la journée.

BRÛLURES SUPERFICIELLES (DU PREMIER DEGRÉ)

Lésion de l'épiderme provoquée soit par la chaleur (liquides chauds, soleil), soit par le froid (neige, glace) ou suite à un contact avec des produits chimiques très irritants. Les brûlures donnent lieu à une rougeur, suivie parfois d'une cloque. Attention, toute brûlure est susceptible de s'infecter.
Si la brûlure est plus profonde (atteinte du derme), consultez impérativement votre médecin.

Traitement :

Local :

HE : ☛ CAROTTE
☛ LAVANDE OFFICINALE
☛ SAUGE OFFICINALE

Appliquez matin et soir sur la peau, après un nettoyage doux avec une eau minérale, la préparation suivante :

✻ 1 gramme de chaque huile essentielle
✻ 15 grammes d'huile d'amande douce
✻ 15 grammes d'huile d'olive (première pression à froid)
✻ 5 grammes d'huile de sésame
✻ 5 grammes d'huile d'arachide

CARIE DENTAIRE

La carie débute par l'attaque de l'émail avant d'atteindre la pulpe si elle n'est pas soignée. Elle est le plus souvent due à une mauvaise hygiène dentaire et à une alimentation trop riche en sucreries (sodas, confiseries, etc.). Une dent cariée est généralement sensible au chaud, au froid, ainsi qu'aux sucres. Une consultation annuelle chez le dentiste est conseillée.

Traitement :

Local :

HE : ☛ POIVRE NOIR
☛ GIROFLIER
☛ MUSCADIER

S'il s'agit d'une seule dent : versez 1 goutte de chaque huile essentielle sur un morceau de coton, posez-le directement sur la dent cariée et laissez-le en place le plus longtemps possible. Renouvelez l'application plusieurs fois dans la journée.

S'il s'agit de l'ensemble des dents, effectuez un bain de bouche avec 1 goutte de chaque huile essentielle dans un demi-verre d'eau chaude (37°). Bien agiter l'ensemble. Chaque bain de bouche doit durer environ 1 à 2 minutes. Renouvelez l'opération 2 à 3 fois dans la journée.

CELLULITE

Résultat de l'augmentation du tissu graisseux et d'une rétention d'eau importante qui donne à la peau un aspect de « peau d'orange ». Inesthétique, la cellulite se localise souvent au niveau du ventre, des hanches, des genoux et des bras et atteint plus particulièrement les femmes. Plusieurs facteurs, dont une alimentation trop riche, une mauvaise circulation, des traitements hormonaux, des régimes à répétitions mal conduits, l'alcool et le tabac favorisent son apparition.

Traitement :

Local :

HE : ☛ CÈDRE DE L'ATLAS
☛ CRITHME MARINE
☛ SAUGE OFFICINALE

Pratiquez, si possible matin et soir, un massage doux dans un premier temps, puis assez énergique, sur les régions touchées, en partant des extrémités pour les membres, et de bas en haut pour le dos, avec la préparation suivante :

* 2 grammes de chaque huile essentielle
* 20 grammes d'huile de tournesol (première pression à froid)
* 20 grammes d'huile de maïs
* 20 grammes d'huile d'olive (première pression à froid)
* 10 grammes d'huile de macadamia

CÉPHALÉE

Douleur au niveau de la tête dont l'origine peut être multiple (mauvaise alimentation, stress, problèmes vésiculaires ou hépatiques, prise d'hormones, etc.).
La céphalée peut être également le symptôme de certaines maladies. Aussi, si vous êtes sujet de manière répétitive à ce trouble, consultez impérativement votre médecin.

Traitement :

Local :

HE : ☛ LAVANDE
☛ ROMARIN
☛ CASCARILLE

Versez 1 goutte de chaque huile essentielle dans un verre d'eau très chaude, puis respirez 1 à 3 minutes les vapeurs qui se dégagent. Renouvelez ce traitement 1 à 2 fois dans la journée, si nécessaire.

Ou bien : respirez plusieurs fois dans la journée quelques gouttes de la préparation suivante :

* 1 goutte de chaque huile essentielle
* 10 à 15 gouttes d'alcool à 90°

Oral :
Prenez 1 goutte de chaque huile essentielle au moment du repas, soit dans un grand verre d'eau ou de jus de fruits, soit dans une cuillerée à dessert d'huile d'olive (première pression à froid), ou bien de miel, ou tout simplement dans un peu de mie de pain.
Renouvelez ce traitement 1 à 2 fois dans la journée.

CERNES

Marques de couleur foncée autour des yeux, les cernes sont souvent le témoin d'un état de fatigue ou d'un manque de sommeil.
Un traitement général dynamisant est généralement nécessaire.

Traitement :

Oral :

HE : ☛ BASILIC
☛ CAROTTE
☛ SASSAFRAS

Prenez 1 goutte de chaque huile essentielle au moment du repas, soit dans un grand verre d'eau ou de jus de fruits, soit dans une cuillerée à dessert d'huile d'olive (première pression à froid), ou bien de miel, ou tout simplement dans un peu de mie de pain.
Renouvelez ce traitement 1 à 2 fois dans la journée.

COLÈRE

Réaction parfois violente devant un événement que l'on juge contrariant. Lorsque cet état est épisodique, il n'a rien de véritablement anormal. En revanche, quand ces accès de colère deviennent répétitifs et non justifiés, un soutien psychologique semble souhaitable. Les petits enfants se mettent souvent en colère lorsqu'un adulte s'oppose à ce qu'ils veulent. Ceci fait partie du développement normal de l'enfant pour s'affirmer. Il n'y a pas lieu de s'en inquiéter.

Traitement :

Local :

HE : ☛ ÉRIOCÉPHALÉE
☛ VALÉRIANE OFFICINALE
☛ LAVANDE OFFICINALE

Massez-vous au niveau du plexus, du dos et des épaules avec la préparation suivante :

- 2 grammes de chaque huile essentielle
- 30 grammes d'huile de millepertuis
- 30 grammes d'huile d'olive (première pression à froid) ou d'avocat

Renouvelez l'opération 1 à 2 fois dans la journée, si nécessaire.

Oral :
Prenez 1 goutte de chaque huile essentielle au moment du repas, soit dans un grand verre d'eau ou de jus de fruits, soit dans une cuillerée à dessert d'huile d'olive ou de tournesol (première pression à froid), ou bien de miel de lavande, ou tout simplement sur un ou deux sucres. Renouvelez ce traitement 2 à 4 fois dans la journée.

COLIQUE HÉPATIQUE

Douleurs plus ou moins violentes pouvant être attribuées à un mauvais fonctionnement du foie ou de la vésicule. Elle est habituellement accompagnée de migraines ou de céphalées, de nausées, voire de vomissements.
Devant une crise trop importante ou des crises répétitives et rapprochées, un conseil médical s'impose. La présence de calculs dans la vésicule biliaire doit être recherchée. Un acte chirurgical peut s'avérer nécessaire.

Traitement :

Local :

HE : ☛ GENÉVRIER COMMUN
☛ HÉLICHRYSE VERTE
☛ BASILIC

Massez-vous doucement au niveau de la région hépatique et de sa périphérie avec la préparation suivante :

* ✻ 2 grammes de chaque huile essentielle
* ✻ 30 grammes d'huile de millepertuis
* ✻ 30 grammes d'huile d'olive (première pression à froid)

Renouvelez l'opération 1 à 2 fois dans la journée, si nécessaire.

Oral :
Prenez 1 goutte de chaque huile essentielle au moment du repas, soit dans un grand verre d'eau ou de jus de fruits, soit dans une cuillerée à dessert d'huile d'olive (première pression à froid), ou bien de miel de lavande, ou tout simplement dans un peu de mie de pain.
Renouvelez ce traitement 2 à 4 fois dans la journée.

COLIQUE INTESTINALE

Spasmes du côlon qui peuvent être très douloureux et dont les causes sont multiples. Ils se traduisent souvent par une succession d'épisodes de diarrhées et de constipation. Des crises répétées nécessitent une consultation médicale.

Traitement :

Local :

HE : ☛ ANETH ODORANT
☛ MENTHE POIVRÉE
☛ ESTRAGON

Massez doucement tout le ventre dans le sens des aiguilles d'une montre, avec la préparation suivante :

- ✻ 2 grammes de chaque huile essentielle
- ✻ 30 grammes d'huile de millepertuis
- ✻ 30 grammes d'huile d'olive (première pression à froid)

Renouvelez l'opération 1 à 2 fois dans la journée, si nécessaire.

Oral :
Prenez 1 goutte de chaque huile essentielle au moment du repas, soit dans un grand verre d'eau ou de jus de fruits, soit dans une cuillerée à dessert d'huile d'olive (première pression à froid), ou bien de miel de lavande, ou tout simplement dans un peu de mie de pain.
Renouvelez ce traitement 2 à 4 fois dans la journée.

COLIQUE NÉPHRÉTIQUE

Spasme très douloureux et continu, ne laissant aucun répit, ressenti au niveau du dos et du bas-ventre (du même côté). Cette douleur est l'expression d'un calcul situé dans les voies urinaires entre les reins et la vessie.
Une consultation immédiate chez le médecin s'impose.

Traitement :

Local :

HE : ☛ ANETH ODORANT
☛ LAVANDE
☛ CALAMUS

Massez-vous au niveau de la fosse lombaire douloureuse avec la préparation suivante :
- ✻ 2 grammes de chaque huile essentielle
- ✻ 20 grammes d'huile de millepertuis
- ✻ 20 grammes d'huile d'arnica
- ✻ 20 grammes d'huile d'olive (première pression à froid)

Renouvelez l'opération autant de fois que nécessaire dans la journée.

Oral :

HE : ☛ ANETH ODORANT
☛ MENTHE POIVRÉE
☛ ESTRAGON

Prenez 1 goutte de chaque huile essentielle au moment du repas, soit dans un grand verre d'eau ou de jus de fruits, soit dans une cuillerée à dessert d'huile d'olive

(première pression à froid), ou bien de miel de lavande, ou tout simplement dans un peu de mie de pain. Renouvelez ce traitement 2 à 4 fois dans la journée.

COLIQUE SPASMODIQUE

En absence de cause identifiée, elle est généralement attribuée à un terrain anxieux.

Traitement :

Local :

HE : ☛ ANIS VERT
☛ CAJEPUTIER
☛ LAVANDE OFFICINALE

Massez doucement tout le ventre dans le sens des aiguilles d'une montre avec la préparation suivante :

* 2 grammes de chaque huile essentielle
* 30 grammes d'huile de millepertuis
* 30 grammes d'huile d'olive (première pression à froid)

Renouvelez l'opération 1 à 2 fois dans la journée, si nécessaire.

Oral :
Prenez 1 goutte de chaque huile essentielle au moment du repas, soit dans un grand verre d'eau ou de jus de fruits, soit dans une cuillerée à dessert d'huile d'olive (première pression à froid), ou bien de miel de lavande, ou tout simplement dans un peu de mie de pain. Renouvelez ce traitement 2 à 4 fois dans la journée.

CONGESTION DE LA PROSTATE

Affection fréquente de l'homme à partir de la cinquantaine (période du début de l'andropause qui est l'équivalent de la ménopause chez la femme) mais qui peut aussi toucher l'homme jeune à la suite d'une affection bactérienne contractée le plus souvent au cours de rapports sexuels. La congestion de la prostate se traduit généralement par une envie plus fréquente d'uriner, surtout la nuit. Lorsque l'inflammation est chronique, il arrive que des douleurs très gênantes soient alors ressenties.
La consultation médicale est impérative pour ce trouble car, chez l'homme jeune, la chronicité ainsi qu'un problème de fertilité sont à redouter.

Traitement :

Local :

HE : ☛ THUYA
☛ CYPRÈS
☛ LENTISQUE PISTACHIER

Massez doucement, dans son ensemble, la région du bas-ventre avec la préparation suivante :
* 2 grammes de chaque huile essentielle
* 20 grammes d'huile de millepertuis
* 20 grammes d'huile d'onagre
* 20 grammes d'huile de macadamia

Renouvelez l'opération 1 à 2 fois dans la journée, si nécessaire.

Oral :

HE : ☛ BASILIC
☛ MYRTE COMMUN
☛ EUCALYPTUS var. *polybractea*

Prenez 1 goutte de chaque huile essentielle, matin et soir, soit dans un grand verre d'eau ou de jus de fruits, soit dans une cuillerée à dessert d'huile d'olive (première pression à froid), ou bien de miel de lavande, ou tout simplement dans un peu de mie de pain.

CONJONCTIVITE

Affection courante de la conjonctive (membrane recouvrant l'œil) qui se traduit par un œil rouge, une sensation de grain de sable et de démangeaisons. Bien que souvent d'origine virale, la conjonctivite peut également être bactérienne ou allergique. Du fait de sa grande contagion, lorsqu'un œil est infecté, il n'est pas rare que l'autre se trouve également contaminé. N'utilisez donc jamais le même coton pour désinfecter les deux yeux et prenez garde de toujours bien vous laver les mains après avoir procédé à vos soins car vous pourriez propager l'affection à votre entourage.
Si, malgré le traitement, les symptômes venaient à persister au bout de 24 à 48 heures, n'hésitez pas à consulter votre médecin.

Traitement :

Oral :

HE : ☛ NIGELLE
☛ CAMOMILLE ROMAINE
☛ ARMOISE

Prenez 1 goutte de chaque huile essentielle, matin et soir, au moment du repas, soit dans un grand verre d'eau ou de jus de fruits, soit dans une cuillerée à dessert d'huile d'olive ou de tournesol (première pression à froid), ou bien de miel, ou tout simplement dans un peu de mie de pain.

CONSTIPATION

On parle de constipation, lorsque les selles ne sont pas quotidiennes. Elle exprime un transit intestinal ralenti. De durée très variable, elle traduit le plus souvent un manque d'exercice physique et une alimentation déséquilibrée (régimes pauvres en fibres et cellulose) mais elle peut aussi être le fait d'un problème organique ou de la prise de certains médicaments. En dernier recours, une cause psychologique peut être évoquée.
En cas de constipation opiniâtre, consultez votre médecin qui en déterminera la cause.

Traitement :

Local :

HE : ☛ SAUGE OFFICINALE
☛ THYM
☛ GENÉVRIER COMMUN

Massez doucement tout le ventre, dans le sens des aiguilles d'une montre, avec la préparation suivante :
- ✻ 2 grammes de chaque huile essentielle
- ✻ 30 grammes d'huile de tournesol (première pression à froid)
- ✻ 30 grammes d'huile de carthame

Renouvelez l'opération 1 à 2 fois dans la journée, si nécessaire.

Oral :
Prenez 1 goutte de chaque huile essentielle au moment du repas, soit dans un grand verre d'eau ou de jus de fruits, soit dans une cuillerée à dessert d'huile d'olive

(première pression à froid), ou bien de miel de lavande, ou tout simplement dans un peu de mie de pain. Renouvelez ce traitement 1 à 2 fois dans la journée.

CONTUSION

Survenant à la suite d'un coup, la contusion se présente sous la forme d'un bleu, de taille plus ou moins importante. La peau devient d'abord rouge, puis bleue, avant de virer au violet. Au bout de quelques jours, elle retrouve son aspect normal. Attention, si le coup a été reçu au niveau de la tête et qu'il s'accompagne d'une perte de connaissance ou de nausées, consultez d'urgence un médecin.

Traitement :

Local :

HE : ☛ CISTE
☛ GÉRANIUM ROSAT
☛ EUCALYPTUS var. *globulus*

Massez doucement la zone concernée 2 à 3 fois dans la journée avec la préparation suivante :

- ✻ 1 gramme de chaque huile essentielle
- ✻ 15 grammes d'huile de tournesol (première pression à froid)
- ✻ 15 grammes d'huile de macadamia
- ✻ 30 grammes d'huile d'arnica

Renouvelez l'opération 1 à 2 fois dans la journée, si nécessaire.

COUP DE CHALEUR

Dû à une exposition trop importante à la chaleur (soleil, réverbération, voiture fermée en été, etc.), le coup de chaleur se traduit généralement par une forte fièvre et une déshydratation. Il est à redouter chez les bébés, les enfants et les personnes âgées. Mettez la personne au calme, dans une pièce fraîche, donnez-lui abondamment à boire et soignez la fièvre en appliquant régulièrement des compresses humides sur le front, les tempes et la nuque, ou en prenant une douche tiède. Si l'état ne s'améliore pas rapidement, appelez sans tarder un médecin.

Traitement :

Local :

HE : ☛ CAJEPUTIER
☛ MATRICAIRE
☛ MÉLISSE OFFICINALE

Massez-vous doucement au niveau du dos, du ventre, des membres et des tempes 2 à 3 fois dans la journée avec la préparation suivante :

∗ 2 grammes de chaque huile essentielle
∗ 20 grammes d'huile de millepertuis
∗ 20 grammes d'huile d'olive (première pression à froid)
∗ 20 grammes d'huile d'avocat

Renouvelez l'opération 1 à 2 fois dans la journée, si nécessaire.

Oral :
Prenez 1 à 2 gouttes de chaque huile essentielle au moment du repas, soit dans un grand verre d'eau ou de

jus de fruits, soit dans une cuillerée à soupe d'huile d'olive (première pression à froid), ou bien de miel de lavande, ou tout simplement dans un peu de mie de pain. Renouvelez ce traitement 2 à 3 fois dans la journée.

COUP DE FROID

Affection, généralement bénigne, que l'on contracte le plus souvent en hiver. Elle fait suite à une exposition du corps à de trop fortes variations de température, le fameux « chaud et froid ».
Le coup de froid s'exprime par des frissons, de la fièvre et un nez qui coule clair.
Si au bout de trois ou quatre jours, des symptômes tels que de la toux ou un écoulement nasal verdâtre venaient à apparaître, consultez votre médecin.

Traitement :

Local :

HE : ☛ SARRIETTE
☛ THYM
☛ EUCALYPTUS

Procédez à une friction tonique du thorax avec la préparation suivante :

- ∗ 2 à 3 grammes de chaque huile essentielle
- ∗ 20 grammes d'huile d'arnica
- ∗ 20 grammes d'huile d'amande douce
- ∗ 20 grammes d'huile de tournesol (première pression à froid)

Renouvelez l'opération 1 à 2 fois dans la journée.

Oral :
Prenez 1 goutte de chaque huile essentielle au moment du repas, soit dans un grand verre d'eau ou de jus de fruits, soit dans une cuillerée à dessert d'huile d'olive (première pression à froid), ou bien de miel de lavande, ou tout simplement dans un peu de mie de pain.
Renouvelez ce traitement 1 à 2 fois dans la journée.

COUP DE SOLEIL

Brûlure d'intensité variable, suite à une exposition trop longue au soleil, qui se traduit par une rougeur de la peau parfois suivie de cloques. Il peut être accompagné d'un coup de chaleur.
Des coups de soleil répétés sont très nocifs pour la peau et prédisposent au cancer de celle-ci (notamment au mélanome). Il est donc très important de toujours bien se protéger avec des crèmes solaires « haute protection » avant toute exposition. Pour les enfants, n'hésitez pas à leur laisser un T-shirt et un chapeau, et évitez de les mettre en plein soleil aux heures les plus chaudes.

Traitement :

Local :

HE : ☛ LAVANDE OFFICINALE
☛ MATRICAIRE
☛ SOUCI

Appliquez très doucement sur la zone touchée la préparation suivante :
* 1 gramme de chaque huile essentielle
* 10 grammes d'huile d'arachide

* 10 grammes d'huile d'olive (première pression à froid)
* 10 grammes d'huile de coprah
* 15 grammes d'huile de calendula
* 15 grammes d'huile d'aloès.

Renouvelez l'opération 1 à 2 fois dans la journée

COUPEROSE

Affection bénigne de la peau du visage qui se traduit par une dilatation définitive des petits vaisseaux superficiels (capillaires) au niveau des pommettes et des ailes du nez. Elle est favorisée par le froid, l'alcool et le tabac. La couperose touche plus particulièrement les femmes.

Traitement :

Local :

HE : ☛ SAUGE OFFICINALE
☛ MENTHE POIVRÉE
☛ HÉLICHRYSE

Appliquez matin et soir sur la zone concernée la préparation suivante :

* 1 gramme de chaque huile essentielle
* 15 grammes d'huile d'amande douce
* 15 grammes d'huile d'olive (première pression à froid)
* 10 grammes d'huile de macadamia
* 10 grammes d'huile d'aloès

COUPURE

Lésion nette de la peau, plus ou moins profonde, par un objet tranchant. Toute coupure est susceptible de s'infecter, aussi est-il important de bien la nettoyer. Si la blessure est sérieuse, il est impératif de consulter un médecin qui jugera de la nécessité de points de suture.

Traitement :

Local :

HE : ☛ SAUGE OFFICINALE
☛ LAVANDE OFFICINALE
☛ GÉRANIUM ROSAT

Appliquez matin et soir sur la lésion, après un premier nettoyage avec de l'eau savonneuse puis un désinfectant, la préparation suivante :

- ✻ 1 gramme de chaque huile essentielle
- ✻ 15 grammes d'huile d'amande douce
- ✻ 15 grammes d'huile d'olive (première pression à froid)
- ✻ 5 grammes d'huile de sésame
- ✻ 5 grammes d'huile de germe de blé

CRAMPES D'ESTOMAC

Contractions soudaines et douloureuses de l'estomac (qui est un muscle) intervenant souvent quand ce dernier est vide. Les crampes d'estomac n'ont rien d'alarmant, sauf si elles se répètent régulièrement, car elles peuvent être le symptôme de certaines maladies gastriques (ulcères, tumeur), aussi n'hésitez pas à consulter votre médecin si cela vous arrive trop fréquemment.

Traitement :

Local :

HE : ☛ CAJEPUTIER
☛ LAVANDE OFFICINALE
☛ CANNELIER DE CEYLAN

Massez doucement la région du plexus gastrique et sa périphérie, dans le sens des aiguilles d'une montre, avec la préparation suivante :

- ✱ 2 grammes de chaque huile essentielle
- ✱ 30 grammes d'huile de millepertuis
- ✱ 30 grammes d'huile d'olive (première pression à froid)

Renouvelez l'application 1 à 2 fois dans la journée, si nécessaire.

Oral :

HE : ☛ GENÉVRIER COMMUN
☛ CORIANDRE DOUX
☛ FENOUIL DOUX

Prenez 1 goutte de chaque huile essentielle au moment du repas, soit dans un grand verre d'eau ou de jus de fruits, soit dans une cuillerée à dessert d'huile d'olive (première pression à froid), ou bien de miel de lavande, ou tout simplement dans un peu de mie de pain.
Renouvelez ce traitement 1 à 2 fois dans la journée.

CRAMPES MUSCULAIRES

Contraction d'un muscle qui se fait de façon soudaine et involontaire, que vous soyez en état d'activité ou de repos. Une crampe musculaire est très douloureuse et peut durer plusieurs minutes. Parmi les causes les plus variées, on peut évoquer un déficit en certains éléments minéraux (calcium, magnésium, potassium), ou une mauvaise circulation veineuse ou lymphatique.

Traitement :

Local :

HE : ☛ LAVANDE OFFICINALE
☛ RAVINTSARA
☛ ANIS VERT

Matin et soir, massez en douceur le muscle contracté avec la préparation suivante :

✻ 2 grammes de chaque huile essentielle
✻ 30 grammes d'huile de tournesol (première pression à froid)
✻ 30 grammes d'huile d'olive (première pression à froid)

CREVASSES

Fissure de la peau au niveau des mains et des pieds, et parfois des lèvres. Le froid est souvent à l'origine de cette affection bénigne mais douloureuse.
L'important est d'éviter qu'elles ne deviennent la porte d'entrée à une infection. Aussi est-il important de bien les désinfecter. Par ailleurs, il existe aussi les crevasses du sein qui sont une complication possible de l'allaitement.

Traitement :

Local :

HE : ☛ ACHILLÉE MILLEFEUILLE
☛ SAUGE OFFICINALE
☛ CÈDRE DE L'ATLAS

Appliquez matin et soir sur la lésion la préparation suivante :

* ✱ 1 gramme de chaque huile essentielle
* ✱ 15 grammes de beurre de karité
* ✱ 15 grammes d'huile d'arachide
* ✱ 10 grammes d'huile de bourrache
* ✱ 10 grammes d'huile de jojoba
* ✱ 10 grammes d'huile de germe de blé

CRISE DE NERFS

État émotionnel au cours duquel une personne perd tout contrôle d'elle-même.
La crise de nerfs se manifeste par des hurlements et des tremblements accompagnés d'une violence physique et verbale.
Lorsque cet état est épisodique, il n'y a pas lieu de s'en inquiéter. En revanche, si une personne est régulièrement sujette à ce phénomène, une consultation chez le médecin est fortement conseillée, afin d'éliminer un trouble psychique ou neurologique ignoré.
Attention, la prise d'alcool avec certains médicaments (notamment antidépresseurs, anxiolytiques, neuroleptiques, etc.) peut entraîner ce type de réaction.

Traitement :

Local :

HE : ☛ LAVANDE OFFICINALE
☛ MÉLISSE OFFICINALE
☛ MENTHE VERTE

Massez le plexus, le dos et les épaules avec la préparation suivante :

* 2 grammes de chaque huile essentielle
* 30 grammes d'huile de millepertuis
* 30 grammes d'huile d'olive (première pression à froid) ou d'avocat

Renouvelez l'opération 1 à 2 fois dans la journée, si nécessaire.

Oral :
Prenez 1 goutte de chaque huile essentielle au moment du repas, soit dans un grand verre d'eau ou de jus de fruits, soit dans une cuillerée à dessert d'huile d'olive (première pression à froid), ou bien de miel de lavande, ou tout simplement dans un peu de mie de pain.
Renouvelez ce traitement 2 à 4 fois dans la journée.

CYSTITE

Inflammation de la vessie, qui se traduit par des douleurs au niveau du bas-ventre, une envie fréquente d'uriner et une sensation de brûlure lors des émissions d'urines. Les causes de la cystite sont nombreuses : malformation de l'urètre, rapports sexuels transmettant des germes dans les voies urinaires, tumeur, mais le plus souvent, elle est consécutive à un stress important. Cette pathologie concerne plus particulièrement les femmes et notamment les femmes enceintes.
Lors d'une cystite, un examen cytobactériologique des urines (E.C.B.U.) vous sera demandé. Totalement indolore, il permet de mettre en évidence le germe en cause, le plus souvent l'escherichia-soli (plus communément nommé colibacille).
Si vous ressentez les symptômes décrits, n'hésitez pas à consulter un médecin, car une complication telle une néphrite (infection du rein) peut survenir.
En cas de cystite, veillez à beaucoup boire.

Traitement :

Local :

HE : ☛ BOULEAU
☛ CANNELIER DE CEYLAN
☛ COPAHU

Massez doucement tout le bas-ventre avec la préparation suivante :

✱ 2 grammes de chaque huile essentielle
✱ 20 grammes d'huile de millepertuis
✱ 20 grammes d'huile d'onagre
✱ 20 grammes d'huile de macadamia

Renouvelez l'opération 1 à 2 fois dans la journée, si nécessaire.

Oral :
Prenez 1 goutte de chaque huile essentielle, matin et soir, soit dans un grand verre d'eau ou de jus de fruits, soit dans une cuillerée à dessert d'huile d'olive (première pression à froid), ou bien de miel de lavande, ou tout simplement dans un peu de mie de pain.

DARTRES

Desquamation de la surface de la peau que l'on observe le plus souvent au niveau du visage. Les dartres forment des petites plaques rouges. Ce phénomène s'observe fréquemment en périodes de froid.

Traitement :

Local :

HE : ☛ CÈDRE DE L'ATLAS
☛ CAMOMILLE ROMAINE
☛ SAUGE

Appliquez matin et soir sur les lésions, la préparation suivante :

* 1 gramme de chaque huile essentielle
* 10 grammes d'huile de noyaux d'abricot
* 10 grammes d'huile de pépins de raisin
* 10 grammes d'huile de sésame
* 20 grammes d'un mélange d'huile de bourrache, d'huile de jojoba et d'huile de germe de blé

DÉMINÉRALISATION

Perte importante de certains éléments minéraux et plus particulièrement du calcium et du phosphore. Elle peut être consécutive à des régimes déséquilibrés ou à un déséquilibre hormonal (c'est souvent le cas d'un certain nombre de femmes à l'âge de la ménopause).
Les conséquences d'une déminéralisation peuvent être une atteinte des dents et des fractures osseuses inhabituelles dont, en particulier, celle du col du fémur, rencontrée fréquemment chez les personnes âgées, à la suite d'une chute, même mineure.
L'ostéodensitométrie osseuse est un examen qui peut permettre d'apprécier l'importance de la déminéralisation.

Traitement :

Oral :

HE : ☛ SAUGE
☛ ACHILLÉE
☛ MATRICAIRE

Prenez 1 goutte de chaque huile essentielle, matin et soir, à raison de 10 jours par mois, soit dans un grand verre d'eau ou de jus de fruits, soit dans une cuillerée à dessert d'huile d'olive (première pression à froid), ou bien de miel de lavande, ou tout simplement dans un peu de mie de pain. Traitement à soumettre au médecin traitant au-delà de 2 mois.

DÉPRESSION NERVEUSE

Contrairement à la déprime, la dépression nerveuse est une maladie qui est susceptible d'atteindre aussi bien les adolescents que les adultes ou les personnes âgées.
Cette affection se traduit par une tristesse, une dépréciation de soi et un manque d'intérêt pour tout.
La personne dépressive ressent un état de fatigue morale et physique quasi permanent et accuse le plus souvent une perte de poids importante. On distingue deux types de dépression : la dépression réactionnelle qui survient à la suite d'un événement traumatisant ou d'une période de stress intense, et la dépression endogène où la cause n'est pas clairement déterminée, mais qui résulte le plus souvent d'un déséquilibre profond faisant suite à un stress répétitif sur une longue période.
Le risque de suicide ne doit jamais être écarté, aussi une consultation chez un médecin est fortement conseillée.

Traitement :

Local :

HE : ☛ LAURIER D'APOLLON
☛ MATRICAIRE
☛ ROMARIN

Massez le plexus, le thorax, le dos et les épaules avec la préparation suivante :

- ✱ 2 grammes de chaque huile essentielle
- ✱ 30 grammes d'huile de millepertuis
- ✱ 30 grammes d'huile d'olive (première pression à froid) ou d'avocat

Renouvelez l'opération 1 à 2 fois dans la journée, si nécessaire.

Oral :
Prenez 1 goutte de chaque huile essentielle au moment du repas, soit dans un grand verre d'eau ou de jus de fruits, soit dans une cuillerée à dessert d'huile d'olive (première pression à froid) ou de tournesol, ou bien de miel de lavande, ou tout simplement dans un peu de mie de pain.
Renouvelez ce traitement 2 à 3 fois dans la journée.

DIABÈTE

Le diabète est le plus souvent dû à une maladie du pancréas qui ne sécrète pas assez d'insuline. Or, l'insuline est cette hormone qui nous permet d'utiliser et de mettre en réserve les sucres, les graisses et les protéines.
Lorsque l'organisme ne produit pas assez d'insuline, le taux de sucre circulant augmente : c'est l'hyperglycémie qui finit par entraîner des complications importantes par son accumulation au niveau des vaisseaux sanguins (artérite, lésion de la rétine) et des nerfs périphériques (neuropathie périphérique).
Les personnes atteintes de diabète présentent une soif continuelle, une faim exagérée et urinent énormément. Elles ressentent, de ce fait, une fatigue permanente ou occasionnée par un effort, et maigrissent rapidement.
Il existe aussi le diabète dit gras, en réalité le plus fréquent, qui apparaît le plus souvent à partir de la quarantaine, souvent accompagné d'une prise de poids. Il ne s'agit pas là d'un défaut de sécrétion d'insuline, mais de l'incapacité de celle-ci à pouvoir agir pleinement au niveau de l'organisme.
La consultation d'un médecin est fortement conseillée.

Traitement :

Local :

HE : ☛ EUCALYPTUS var. *citriodora*
☛ PIN SYLVESTRE
☛ MENTHE BERGAMOTE

Massez doucement le plexus, le thorax, le dos et les épaules avec la préparation suivante :

- ✻ 2 grammes de chaque huile essentielle
- ✻ 30 grammes d'huile de macadamia
- ✻ 30 grammes d'huile d'olive (première pression à froid) ou d'avocat

Renouvelez l'opération 1 à 2 fois dans la journée.

Oral :

Prenez 1 à 2 gouttes de chaque huile essentielle au moment du repas, soit dans un grand verre d'eau ou de jus de fruits, soit dans une cuillerée à soupe d'huile d'olive ou de tournesol (première pression à froid), ou bien de miel de lavande, ou tout simplement dans un peu de mie de pain.
Renouvelez ce traitement 2 à 3 fois dans la journée.

DIARRHÉE

Elle se traduit par des émissions fréquentes (plus de deux fois par jour) de selles liquides ou semi-liquides.
Qu'elle soit chronique ou aiguë, la diarrhée s'accompagne généralement de spasmes douloureux au niveau du ventre et de gargouillements intestinaux.
Ses causes peuvent être multiples : intoxication ou intolérance alimentaire, infection virale, bactérienne ou parasitaire (notamment les amibes), stress important, prise de certains médicaments comme les antibiotiques. En cas de chronicité, une consultation est fortement conseillée afin d'éliminer une cause organique.
Attention, chez l'enfant et les personnes âgées, la diarrhée peut entraîner une déshydratation, aussi est-il impératif d'appeler un médecin.

Traitement :

Oral :

HE : ☛ SARRIETTE
☛ CANNELIER DE CEYLAN
☛ MUSCADIER

Prenez 1 goutte de chaque huile essentielle au moment du repas, soit dans un grand verre d'eau ou de jus de fruits, soit dans une cuillerée à dessert d'huile d'olive (première pression à froid), ou bien de miel de lavande, ou tout simplement dans un peu de mie de pain.
Renouvelez ce traitement 2 à 4 fois dans la journée selon la fréquence des selles.

DIGESTION DIFFICILE

La digestion difficile est le plus souvent le fait d'un repas trop copieux ou trop arrosé, elle se traduit par une sensation de pesanteur au niveau de l'estomac et de somnolence. Toutefois, si cela vous arrive fréquemment, il est conseillé de consulter un médecin pour s'assurer qu'il ne s'agit pas d'un problème organique, notamment hépatique.

Traitement :

Local :

HE : ☛ CORIANDRE DOUX
☛ GENÉVRIER COMMUN
☛ MANDARINIER

Massez doucement le plexus, la région hépatique et pancréatique avec la préparation suivante :

- ✱ 2 grammes de chaque huile essentielle
- ✱ 30 grammes d'huile de millepertuis
- ✱ 30 grammes d'huile d'olive (première pression à froid) ou d'avocat.

Renouvelez l'opération 1 à 2 fois dans la journée, si nécessaire.

Oral :
Prenez 1 goutte de chaque huile essentielle au moment du repas, soit dans un grand verre d'eau ou de jus de fruits, soit dans une cuillerée à dessert d'huile d'olive (première pression à froid), ou bien de miel de lavande, ou tout simplement dans un peu de mie de pain.
Renouvelez ce traitement 1 à 2 fois dans la journée.

DURILLON

Il se traduit par un épaississement de la peau du dessous du pied et s'observe généralement sous le gros orteil ou la plante du pied en contact avec le sol.
Le durillon est le résultat d'un frottement et est fréquent chez les personnes qui marchent nu-pieds.

Traitement :

Local :

HE : ☛ CAJEPUTIER
☛ HÉLICHRYSE
☛ LAURIER D'APOLLON

Appliquez en couche épaisse sur la zone indurée, le soir et toute la nuit, la préparation suivante :

- ✻ 1 gramme de chaque huile essentielle
- ✻ 15 grammes de vaseline salicylée
- ✻ 15 grammes de beurre de karité
- ✻ 10 grammes d'huile de jojoba

DOULEURS GASTRO-INTESTINALES

Elles expriment un problème soit gastrique, soit intestinal, souvent en rapport avec le côlon. Les causes sont multiples et variées (mauvaise digestion, interactions médicamenteuses, maladies métaboliques, etc.). Quand elles n'ont pas de causes établies, ces douleurs sont souvent le fait d'un état anxieux.

Traitement :

Local :

HE : ☛ BASILIC
☛ CUMIN
☛ GAULTHÉRIE

Massez doucement le ventre, dans le sens des aiguilles d'une montre, avec la préparation suivante :

* 2 grammes de chaque huile essentielle
* 30 grammes d'huile de millepertuis
* 30 grammes d'huile d'olive (première pression à froid)

Renouvelez l'application 1 à 2 fois dans la journée, si nécessaire.

Oral :
Prenez 1 goutte de chaque huile essentielle au moment du repas, soit dans un grand verre d'eau ou de jus de fruits, soit dans une cuillerée à dessert d'huile d'olive (première pression à froid), ou bien de miel de lavande, ou tout simplement dans un peu de mie de pain.
Renouvelez ce traitement 1 à 3 fois dans la journée.

ECZÉMA

Affection de la peau d'ordre allergique. Elle peut exprimer une réaction d'intolérance, le plus souvent à un produit au contact de la peau ou bien une réaction à un aliment au niveau digestif.
L'eczéma se présente sous la forme de plaques rouges surmontées de petites cloques suintantes, la peau desquame. Il peut parfois être accompagné de démangeaisons.

Traitement :

Local :

HE : ☛ ACHILLÉE MILLEFEUILLE
☛ CAMOMILLE ROMAINE
☛ LAVANDE OFFICINALE

Appliquez matin et soir sur les lésions la préparation suivante :

* ∗ 1 gramme de chaque huile essentielle
* ∗ 10 grammes d'huile de noyaux d'abricot
* ∗ 10 grammes d'huile d'amande douce
* ∗ 10 grammes d'huile de sésame
* ∗ 20 grammes d'un mélange d'huile de bourrache, d'huile de jojoba et d'huile de germe de blé

ENROUEMENT

Altération plus ou moins importante de la voix en raison d'une irritation du larynx ou d'une inflammation des cordes vocales. L'enrouement accompagne souvent les rhino-pharyngites.
Un enrouement continuel doit vous amener à consulter un ORL, surtout si vous fumez, afin de rechercher la présence éventuelle d'un polype.

Traitement :

Local :

HE : ☛ THYM
☛ SARRIETTE
☛ ROMARIN

Versez 1 goutte de chaque huile essentielle dans un demi-verre d'eau chaude (37°). Mélangez bien, puis gargarisez-vous pendant 1 à 2 minutes.
Renouvelez l'opération 2 à 3 fois dans la journée.

Oral :
Prenez 1 goutte de chaque huile essentielle au moment du repas, soit dans un grand verre d'eau ou de jus de fruits, soit dans une cuillerée à dessert d'huile d'olive (première pression à froid), ou bien de miel de lavande, ou tout simplement dans un peu de mie de pain.
Renouvelez ce traitement 1 à 2 fois dans la journée.

ENTORSE

Étirement accidentel et brutal des ligaments d'une articulation, dû à un mouvement de torsion, entraînant douleurs et gonflement. Une entorse peut s'avérer plus ou moins grave selon la force du traumatisme subi.
La foulure correspond le plus souvent à une petite entorse.

Traitement :

Local :

HE : ☛ BOULEAU
☛ GIROFLIER
☛ SOUCI

Matin et soir, commencez par poser, pendant un peu plus de 10 minutes, de la glace sur la région articulaire douloureuse et son pourtour. Puis, appliquez la préparation suivante :

∗ 2 grammes de chaque huile essentielle

* 20 grammes d'huile de millepertuis
* 20 grammes d'huile d'arnica
* 20 grammes d'huile d'olive (première pression à froid)

EXCITATION

L'excitation est un état d'agitation dont les raisons peuvent être multiples. Elle précède et accompagne souvent un événement exceptionnel, comme une cérémonie de mariage ou le passage d'un examen important. Cet état peut se rapprocher de l'exaltation, voire de l'euphorie, mais elle peut aussi être accompagnée d'anxiété si l'issue du moment est incertaine.

Traitement :

Local :

HE : ☛ CAMOMILLE ROMAINE
☛ BASILIC
☛ LAVANDE OFFICINALE

Massez en douceur le plexus ainsi que le dos, les épaules et les tempes avec la préparation suivante :
* 2 grammes de chaque huile essentielle
* 30 grammes d'huile de millepertuis
* 30 grammes d'huile d'olive (première pression à froid) ou d'avocat

Renouvelez 1 à 2 fois dans la journée, si nécessaire.

Oral :
Prenez 1 goutte de chaque huile essentielle au moment

du repas, soit dans un grand verre d'eau ou de jus de fruits, soit dans une cuillerée à dessert d'huile d'olive ou de tournesol (première pression à froid), ou bien de miel de lavande, ou encore dans un peu de mie de pain, ou tout simplement sur un ou deux sucres.
Renouvelez ce traitement 1 à 3 fois dans la journée.

FAIBLESSE HÉPATIQUE

Elle est généralement le fait d'un mauvais fonctionnement du foie ou de la vésicule et se traduit fréquemment par un état nauséeux.
Lorsqu'elle est occasionnelle, la faiblesse hépatique est banale, mais si elle devient un état permanent après chaque repas, une consultation chez le médecin pour écarter le risque d'une hépatite ou d'une cirrhose du foie est fortement conseillée.

Traitement :

Local :

HE : ☛ SOLIDAGE DU CANADA
☛ VÉTYVER
☛ HÉLICHRYSE VERTE

Massez doucement le plexus ainsi que la région hépatique avec la préparation suivante :

* 2 grammes de chaque huile essentielle
* 30 grammes d'huile de millepertuis
* 30 grammes d'huile d'olive (première pression à froid)

Renouvelez 1 à 2 fois dans la journée, si nécessaire.

Oral :
Prenez 1 goutte de chaque huile essentielle au moment du repas, soit dans un grand verre d'eau ou de jus de fruits, soit dans une cuillerée à dessert d'huile d'olive (première pression à froid), ou bien de miel de lavande, ou tout simplement dans un peu de mie de pain.
Renouvelez ce traitement 1 à 2 fois dans la journée.

FATIGUE OCULAIRE

Yeux rouges, sensation de picotements, difficulté à soutenir la lecture, maux de tête, autant de troubles qui traduisent une fatigue oculaire.
Ces désagréments sont souvent le fait d'un éclairage inadapté, de lectures prolongées, de travail sur ordinateur ou tout simplement d'un séjour dans une atmosphère enfumée.

Traitement :

Oral :

HE :
- ☛ BASILIC
- ☛ MENTHE POIVRÉE
- ☛ ROMARIN

Prenez 1 goutte de chaque huile essentielle au moment du repas, soit dans un grand verre d'eau ou de jus de fruits, soit dans une cuillerée à dessert d'huile d'olive (première pression à froid), ou bien de miel de lavande, ou tout simplement dans un peu de mie de pain.
Renouvelez ce traitement 1 à 2 fois dans la journée.

FATIGUE PHYSIQUE ET INTELLECTUELLE

L'on dit d'une personne qu'elle est fatiguée quand elle n'a pas toutes les capacités physiques ou intellectuelles qu'on lui connaît généralement.
La fatigue suit généralement une période de travail intense, une convalescence, un accouchement ou un choc émotionnel important (deuil, conflit conjugal, etc.). Toutefois, un état de fatigue qui survient sans aucune raison apparente et qui s'accompagne d'une perte de poids justifie une consultation chez votre médecin.

Traitement :

Local :

HE : ☛ MUSCADIER
☛ SASSAFRAS
☛ ROMARIN

Procédez matin et soir à une friction tonique au niveau du thorax, du dos, des épaules et des membres, avec la préparation suivante :

* 2 grammes de chaque huile essentielle
* 20 grammes d'huile d'arnica
* 20 grammes d'huile d'amande douce
* 20 grammes d'huile d'avocat

Oral :
Prenez 1 goutte de chaque huile essentielle au moment du repas, soit dans un grand verre d'eau ou de jus de fruits, soit dans une cuillerée à dessert d'huile d'olive (première pression à froid), ou bien de miel de lavande, ou encore sur un ou deux sucres, ou tout simplement dans un peu de mie de pain. Renouvelez ce traitement 1 à 2 fois dans la journée si nécessaire.

FIÈVRE

Élévation anormale de la température du corps, la fièvre est un symptôme accompagnant certaines maladies d'origine bactérienne ou virale.
On dit d'une personne qu'elle est fiévreuse quand le thermomètre dépasse 38°.
Lorsque la fièvre persiste plus de 24 à 48 heures, il est préférable de consulter un médecin pour en déterminer la cause.
Attention, chez l'enfant, une forte fièvre peut conduire à des convulsions, il est donc impératif de consulter un médecin.

Traitement :

Local :

HE : ☛ VERVEINE ODORANTE
☛ GINGEMBRE
☛ NIAOULI

Massez-vous au niveau du thorax, du dos et du ventre avec la préparation suivante :

* 2 grammes de chaque huile essentielle
* 20 grammes d'huile de millepertuis
* 20 grammes d'huile d'olive (première pression à froid)
* 20 grammes d'huile d'avocat

Renouvelez 1 à 2 fois dans la journée, si nécessaire.

Oral :
Prenez 1 goutte de chaque huile essentielle, au moment du repas, soit dans un grand verre d'eau ou de jus de fruits, soit dans une cuillerée à dessert d'huile d'olive ou

de tournesol (première pression à froid), ou bien de miel de lavande, ou tout simplement dans un peu de mie de pain.
Renouvelez ce traitement 2 à 3 fois dans la journée, si nécessaire.

FURONCLE

Infection du follicule d'un poil qui se remplit de pus, dû à la présence d'un staphylocoque doré.
Un furoncle est douloureux et il ne faut en aucun cas le percer car vous risquez de provoquer une septicémie (infection du sang).
Une personne qui souffre régulièrement de furoncles doit impérativement consulter son médecin, car ce peut être le signe révélateur d'un diabète.

Traitement :

Local :

HE : ☛ LAVANDE OFFICINALE
☛ NIAOULI
☛ SAUGE OFFICINALE

Appliquez matin et soir sur la lésion la préparation suivante :

* 2 grammes de chaque huile essentielle
* 15 grammes d'huile d'olive (première pression à froid)
* 15 grammes d'huile d'arachide
* 30 grammes d'huile de calendula

GASTRITE

> *Inflammation de la muqueuse gastrique.*
> *Une gastrite peut donner lieu à des brûlures, des nausées, des vomissements, voire parfois des hémorragies (ulcère). Elle est souvent le fait d'une alimentation épicée ou trop riche. Elle peut aussi être liée à la prise de certains médicaments, mais aussi être tout simplement le résultat d'un trop grand stress. Attention, cela peut être l'expression de maladies diverses. Une consultation chez votre médecin est conseillée.*

Traitement :

Local :

HE : ☛ GENÉVRIER COMMUN
☛ CORIANDRE DOUX
☛ FENOUIL DOUX

Massez doucement le plexus et sa périphérie, dans le sens des aiguilles d'une montre, avec la préparation suivante :

- ✱ 2 grammes de chaque huile essentielle
- ✱ 30 grammes d'huile de millepertuis
- ✱ 30 grammes d'huile d'olive (première pression à froid)

Renouvelez 1 à 2 fois dans la journée, si nécessaire.

Oral :
Prenez 1 goutte de chaque huile essentielle au moment du repas, soit dans un grand verre d'eau ou de jus de fruits, soit dans une cuillerée à dessert d'huile d'olive

(première pression à froid), ou bien de miel de lavande, ou tout simplement dans un peu de mie de pain. Renouvelez ce traitement 1 à 3 fois dans la journée.

GENCIVES (SAIGNEMENT)

Un saignement des gencives lors du brossage traduit une fragilité de celles-ci dont la cause peut être une maladie parodontale (gingivite, infection, carie, etc.) pouvant aboutir à un déchaussement. Si les saignements persistent malgré une bonne hygiène buccale, une visite chez le dentiste est conseillée.

Traitement :

Local :

HE :
- ☛ ACHILLÉE MILLEFEUILLE
- ☛ CISTE
- ☛ GÉRANIUM ROSAT

Appliquez, pure, 1 goutte de chaque huile essentielle sur un petit morceau de coton, et passez-le en douceur sur l'ensemble des gencives. L'application peut être renouvelée plusieurs fois dans la journée.

Ou bien : versez l goutte de chaque huile essentielle dans un demi-verre d'eau chaude (37°), mélangez bien, puis procédez à un bain de bouche d'environ 1 à 2 minutes. Renouvelez l'opération 2 à 3 fois dans la journée.

GERÇURES

> *Lésions de la peau, souvent évoquées en période hivernale, localisées au niveau des mains et du visage. L'important est d'éviter qu'elles ne deviennent la porte d'entrée à une infection. Aussi est-il nécessaire de bien les désinfecter.*

Traitement :

Local :

HE : ☛ ACHILLÉE MILLEFEUILLE
☛ SAUGE OFFICINALE
☛ CAROTTE

Appliquez matin et soir sur la lésion la préparation suivante :

* 1 gramme de chaque huile essentielle
* 15 grammes de beurre de karité
* 15 grammes d'huile d'arachide
* 10 grammes d'huile de bourrache
* 10 grammes d'huile de jojoba
* 10 grammes d'huile de germe de blé

GINGIVITE

> *Inflammation des gencives consécutive à un brossage trop énergique des dents ou à la présence d'une infection. De même que la prise de certains médicaments peut entraîner une inflammation des gencives, elle peut accompagner aussi certaines maladies métaboliques (diabète) ou auto-immunes. Non traitée, elle peut entraîner à la longue un déchaussement des dents.*

Traitement :

Local :

HE :
- ☛ CISTE
- ☛ CYPRÈS
- ☛ NIAOULI

Versez 1 goutte de chaque huile essentielle dans un demi-verre d'eau chaude (37°), mélangez bien, puis procédez à un bain de bouche d'environ 1 à 2 minutes. Renouvelez l'opération 2 à 3 fois dans la journée.

GLOSSITE

C'est une inflammation de la langue qui se traduit par une langue rouge et douloureuse.
Elle est souvent consécutive à la prise de médicaments ou d'une blessure occasionnée par une dent et se manifeste aussi dans la scarlatine.
Lorsqu'elle est chronique, une consultation chez le médecin est fortement conseillée car elle peut traduire aussi une maladie plus générale.

Traitement :

Local :

HE :
- ☛ LAVANDE
- ☛ SAUGE
- ☛ CAMOMILLE SAUVAGE

Versez 1 goutte de chaque huile essentielle dans un demi-verre d'eau chaude (37°), mélangez bien, puis procédez à un bain de bouche d'environ 1 à 2 minutes. Renouvelez l'opération 2 à 3 fois dans la journée.

HÉMATOME SUPERFICIEL

Résultat d'un choc direct, l'hématome se traduit par une poche de sang de taille variable qui se situe juste sous la peau et lui donne une couleur violacée. Un léger gonflement peut parfois être observé.

Traitement :

Local :

HE : ☛ HÉLICHRYSE VERTE
☛ CYSTE
☛ SABINE

Posez une poche de glace sur l'hématome pendant 10 à 15 minutes, en comprimant, puis appliquez et massez doucement la zone concernée avec la préparation suivante :

- ✻ 1 gramme de chaque huile essentielle
- ✻ 15 grammes d'huile de tournesol (première pression à froid)
- ✻ 15 grammes d'huile d'olive (première pression à froid)
- ✻ 15 grammes d'huile d'arnica
- ✻ 15 grammes d'huile de macadamia

Renouvelez l'opération 2 à 3 fois dans la journée, si nécessaire.

HÉMORROÏDES

Dilatations anormalement importantes des veines qui irriguent l'anus et le rectum.
Les hémorroïdes peuvent être extrêmement douloureuses et occasionner parfois des saignements ; dans certains cas, une opération chirurgicale s'avère nécessaire. Les principaux facteurs favorisant leur développement sont la constipation, la grossesse, la nourriture épicée et l'alcool.

Traitement :

Local :

HE : ☛ CYPRÈS
☛ SAUGE SCLARÉE
☛ NÉROLI BIGARADIER

S'il s'agit d'hémorroïdes externes, appliquez la préparation suivante :

✱ 2 gouttes de chaque huile essentielle
✱ 10 gouttes d'huile d'arnica
✱ 10 gouttes d'huile de millepertuis
✱ 10 gouttes d'huile d'olive (première pression à froid)

Renouvelez l'opération 2 à 4 fois dans la journée, si nécessaire.

Oral :
Prenez 1 goutte de chaque huile essentielle au moment du repas, soit dans un grand verre d'eau ou de jus de fruits, soit dans une cuillerée à dessert d'huile d'olive (première pression à froid), ou bien de miel de lavande, ou tout simplement dans un peu de mie de pain.
Renouvelez ce traitement 2 à 3 fois dans la journée.

HERPÈS

Affection virale très contagieuse et récidivante, qui atteint principalement les lèvres (herpès labial) ou les parties génitales (herpès génital).
Dans le premier cas, elle se traduit par un bouton de fièvre qui débute par des picotements, une sensation de brûlure et des démangeaisons, puis par la survenue d'une vésicule remplie de liquide qui peut être douloureuse. Le dernier stade se présente sous la forme d'une croûte qui finit par tomber avant complète cicatrisation.
L'herpès témoigne souvent d'un mauvais état général de l'organisme à la suite d'une période de fatigue ou de stress. Il peut aussi se déclarer fréquemment lors de la survenue des règles ou au cours de maladies infectieuses.

Traitement :

Local :

HE : ☛ NIAOULI
☛ LAVANDE ASPIC
☛ HYSOPE

Appliquez sur la lésion la préparation suivante :
* 2 grammes de chaque huile essentielle
* 10 grammes d'huile de noyaux d'abricot
* 10 grammes d'huile de pépins de raisin
* 10 grammes d'huile de sésame
* 10 grammes d'huile d'olive (première pression à froid)
* 10 grammes d'huile d'onagre
* 10 grammes d'huile d'aloès

Renouvelez l'opération 2 à 3 fois dans la journée, si nécessaire.

HOQUET

Il se traduit par une contraction involontaire et soudaine du diaphragme, suivi d'un bruit guttural spécifique. Sa cause est le plus souvent une ingestion trop rapide des aliments entraînant une distension brutale de l'estomac.
Une crise peut durer de quelques secondes à plusieurs heures, voire plusieurs jours dans les cas extrêmes.
Le hoquet est une affection banale, mais s'il devenait chronique, une consultation chez le médecin est conseillée pour s'assurer que sa cause n'est pas le fait d'une hernie du diaphragme ou d'un autre trouble.

Traitement :

Local :

HE : ☛ ESTRAGON

Prenez 1 à 2 gouttes de l'huile essentielle dans une cuillerée à soupe d'huile d'olive (première pression à froid) ou de miel de lavande, ou bien sur un sucre.
Renouvelez ce traitement 1 à 2 fois toutes les 30 minutes si le symptôme persiste.

INQUIÉTUDE

Forme légère de l'anxiété ayant une cause réelle, sans qu'il s'agisse pour autant d'un état permanent.

Traitement :

Local :

HE : ☛ ÉRIOCÉPHALÉE
☛ DAVANA
☛ MÉLISSE

Massez le plexus, le thorax et les épaules avec la préparation suivante :

* 2 grammes de chaque huile essentielle
* 30 grammes d'huile de millepertuis
* 30 grammes d'huile d'olive (première pression à froid) ou d'avocat

Renouvelez l'opération 1 à 2 fois dans la journée, si nécessaire.

Oral :
Prenez 1 goutte de chaque huile essentielle au moment du repas, soit dans un grand verre d'eau ou de jus de fruits, soit dans une cuillerée à dessert d'huile d'olive ou de tournesol (première pression à froid), ou bien de miel de lavande, ou tout simplement sur un ou deux morceaux de sucre.
Renouvelez ce traitement 2 à 4 fois dans la journée.

INSOMNIE

Troubles du sommeil qui se caractérisent généralement par une difficulté à l'endormissement et la survenue de réveils inopportuns dans la nuit avec de gros problèmes, voire une impossibilité de se rendormir.
L'insomnie est fréquente chez les personnes anxieuses, stressées ou dépressives et génère de la fatigue. Quand elle survient de manière ponctuelle (à l'occasion d'un événement particulier), elle n'a rien d'anormal. En revanche, quand une insomnie persiste, il convient d'en rechercher la cause.

Traitement :

Local :

HE : ☛ VALÉRIANE OFFICINALE
☛ MANDARINIER
☛ MÉLISSE

Massez le plexus, le thorax, les épaules et les tempes avec la préparation suivante :

* 2 grammes de chaque huile essentielle
* 30 grammes d'huile de millepertuis
* 30 grammes d'huile d'olive (première pression à froid) ou d'avocat

Renouvelez l'opération 1 à 2 fois dans la journée, si nécessaire.

Oral :
Prenez 1 goutte de chaque huile essentielle au moment du repas, soit dans un grand verre d'eau ou de jus de fruits, soit dans une cuillerée à dessert d'huile d'olive ou de tournesol (première pression à froid), ou bien de miel de lavande, ou tout simplement sur un ou deux morceaux de sucre.
Renouvelez ce traitement 2 à 4 fois dans la journée.

JAMBES LOURDES

Sensation désagréable de pesanteur ressentie dans les jambes. Elle est le plus souvent le fait d'une mauvaise circulation veineuse et lymphatique.
Ce trouble est familier chez les femmes, notamment dans la période qui précède les règles et lorsqu'il fait chaud. Quoi qu'il en soit, le chauffage au sol, les bains chauds, les expositions longues au soleil sont fortement déconseillés.

Traitement :

Local :

HE : ☛ GÉRANIUM ROSAT
☛ MYRTE COMMUN
☛ TANAISIE

En partant toujours de l'extrémité de la jambe et en remontant vers la cuisse, procédez à un massage doux et en profondeur, avec la préparation suivante :

- ✱ 2 grammes de chaque huile essentielle
- ✱ 20 grammes d'huile de macadamia
- ✱ 20 grammes d'huile de millepertuis
- ✱ 20 grammes d'huile d'olive (première pression à froid)

Renouvelez 2 à 4 fois dans la journée, si nécessaire.

Oral :
Prenez 1 goutte de chaque huile essentielle au moment du repas, soit dans un grand verre d'eau ou de jus de fruits, soit dans une cuillerée à dessert d'huile d'olive ou de tournesol (première pression à froid), ou bien de miel de lavande, ou tout simplement sur un ou deux morceaux de sucre.
Renouvelez ce traitement 2 à 4 fois dans la journée.

LARYNGITE

Affection du larynx qui se traduit par l'inflammation de ce dernier.
La laryngite peut occasionner un enrouement, voire une extinction de voix.
Attention, chez le très jeune enfant, l'inflammation de la partie supérieure du larynx (épiglottite) est une urgence médicale car elle peut entraîner un spasme mortel.

Traitement :

Local :

HE : ☛ NIAOULI
☛ THYM
☛ SARRIETTE

Procédez à une friction très douce de la région du cou et du thorax, avec la préparation suivante :

* ✻ 2 grammes de chaque huile essentielle
* ✻ 20 grammes d'huile de calendula
* ✻ 20 grammes d'huile d'arnica
* ✻ 20 grammes d'huile d'olive (première pression à froid)

Renouvelez 2 à 4 fois dans la journée, si nécessaire.

Oral :
Prenez 1 goutte de chaque huile essentielle au moment du repas, soit dans un grand verre d'eau ou de jus de fruits, soit dans une cuillerée à dessert d'huile d'olive (première pression à froid), ou bien de miel, ou tout simplement dans un peu de mie de pain.
Renouvelez ce traitement 2 à 4 fois dans la journée.

MAL DES TRANSPORTS

Il se traduit par un état nauséeux allant parfois jusqu'au vomissement. Il peut s'accompagner de vertiges et de sueurs, lors de voyages en voiture, train, avion ou bateau (on parle alors de mal de mer).
Ce sont les mouvements (tournants, accélérations, houle, vibrations) qui sont à l'origine de ce trouble banal. L'oreille interne, qui est l'un des centres de l'équilibre, est alors stimulée, provoquant ce désordre neurovégétatif.
Le mal des transports ne concerne pas uniquement les enfants, les adultes peuvent en être victimes mais il est à noter qu'il intervient plus volontiers sur un terrain anxieux.

Traitement :

Local :

HE : ☛ MENTHE POIVRÉE
☛ CITRON JAUNE
☛ MANDARINIER

Massez le plexus et le thorax avec la préparation suivante :

∗ 2 grammes de chaque huile essentielle
∗ 30 grammes d'huile de millepertuis
∗ 30 grammes d'huile d'olive ou d'huile d'avocat

Renouvelez l'opération 1 à 2 fois dans la journée, si nécessaire.

Oral :
Prenez 1 goutte de chaque huile essentielle au moment du repas, soit dans un grand verre d'eau ou de jus de fruits, soit dans une cuillerée à dessert d'huile d'olive ou

de tournesol (première pression à froid), ou bien de miel de thym, ou tout simplement sur un sucre.
Renouvelez ce traitement 2 à 3 fois dans la journée.

MAUVAISE HALEINE

La mauvaise haleine se traduit par une mauvaise odeur au niveau de la bouche.
Son origine peut être multiple : le plus souvent, il s'agit d'une mauvaise hygiène buccale mais d'autres affections telles que gingivites, abcès dentaires, problèmes digestifs, angines, amygdalites, etc., peuvent en être la cause.
Bien évidemment le tabac et l'alcool ne doivent pas être oubliés !

Traitement :

Local :

HE : ☛ MENTHE POIVRÉE
☛ CITRON JAUNE
☛ CANNELIER DE CEYLAN

Versez 1 goutte de chaque huile essentielle dans un demi-verre d'eau chaude (37°), mélangez bien, puis procédez à un bain de bouche d'environ 1 à 2 minutes.
Renouvelez l'opération 2 à 3 fois dans la journée.

Oral :

HE : ☛ ESTRAGON
☛ LAURIER D'APOLLON
☛ CARVI

Prenez 1 goutte de chaque huile essentielle au moment du repas, soit dans un grand verre d'eau ou de jus de

fruits, soit dans une cuillerée à dessert d'huile d'olive ou de tournesol (première pression à froid), ou de miel de lavande, ou tout simplement dans un peu de mie de pain. Renouvelez ce traitement 1 à 2 fois dans la journée.

MIGRAINE

Tout mal de tête n'est pas forcément une migraine !
La migraine, dont les origines peuvent être multiples (à ce jour certaines d'entre elles restent encore mal connues), se caractérise par une douleur le plus souvent pulsative qui siège d'un seul côté du crâne. La durée de la crise est variable ; elle peut aller de quelques heures à plusieurs jours. L'intensité de la douleur est généralement augmentée par le bruit ou la lumière et il n'est pas rare que la migraine s'accompagne de nausées, voire de vomissements.
Si vous êtes sujet à des crises fréquentes, une consultation chez votre médecin est conseillée.

Traitement :

Local :

HE : ☛ CAJEPUT
☛ LAVANDE
☛ GIROFLIER

Massez-vous doucement les tempes avec la préparation suivante :

* 1 goutte de chaque huile essentielle
* 10 à 15 gouttes d'huile d'amande douce
* 10 à 15 gouttes d'huile d'arnica ou de millepertuis.

Ou bien : versez 1 goutte de chaque huile essentielle dans un verre d'eau très chaude et respirez pendant 1 à 3 minutes les vapeurs qui se dégagent.

Renouvelez l'opération 1 à 2 fois dans la journée si nécessaire.
Ou encore : respirez, plusieurs fois dans la journée, quelques gouttes d'un mélange d'1 goutte de chaque huile essentielle, auxquelles vous ajoutez 10 à 15 gouttes d'alcool à 90°.

Oral :
Prenez 1 goutte de chaque huile essentielle au moment du repas, soit dans un grand verre d'eau ou de jus de fruits, soit dans une cuillerée à dessert d'huile d'olive (première pression à froid), ou bien de miel, ou tout simplement dans un peu de mie de pain.
Renouvelez ce traitement 1 à 2 fois dans la journée.

MYCOSE DES ONGLES

Due à un champignon, elle se traduit par un changement d'aspect de l'ongle qui se décolore, devient jaune ou marron foncé, s'épaissit et se décolle. De plus, il est en général friable. En l'absence de soins, la mycose peut détruire la totalité de l'ongle.
Aussi, si vous constatez une modification de l'aspect de vos ongles de mains ou de pieds, n'hésitez pas à consulter votre médecin.

Traitement :

Local :

HE : ☛ BOIS DE ROSE
☛ SARRIETTE
☛ LAVANDE OFFICINALE

Une fois l'ongle réparé, appliquez un coton sur lequel vous aurez versé 1 à 2 gouttes de chaque huile essentielle. Laissez en place toute la nuit.
Renouvelez l'application chaque jour.

MYCOSE DES VOIES DIGESTIVES

C'est le développement excessif d'une levure appelée candida albicans *dans la bouche, le pharynx ou les intestins qui est à l'origine des mycoses digestives.*
Le sucre, l'acidité et certains médicaments (notamment les antibiotiques) sont le plus souvent à l'origine de ce déséquilibre de la flore intestinale.
Quand la mycose se situe au niveau de la bouche, elle se traduit par une langue surchargée ou des plaques blanchâtres au niveau des joues. La déglutition est parfois gênée. Quand la mycose atteint les intestins, il est possible d'observer des diarrhées, des ballonnements et des douleurs abdominales.

Traitement :

Local :

HE :
- ☛ CUMIN
- ☛ MENTHE POIVRÉE
- ☛ CARDAMOME

Versez 1 goutte de chaque huile essentielle dans un demi-verre d'eau chaude (37°), mélangez bien, puis procédez à un bain de bouche d'environ 1 à 2 minutes. Renouvelez l'opération 2 à 3 fois dans la journée.

Oral :
Prenez 1 goutte de chaque huile essentielle au moment du

repas, soit dans un grand verre d'eau ou de jus de fruits, soit dans une cuillerée à dessert d'huile d'olive ou de tournesol (première pression à froid), ou bien de miel de lavande, ou tout simplement dans un peu de mie de pain. Renouvelez ce traitement 2 à 3 fois dans la journée.

NAUSÉE

La nausée est un trouble qui se traduit par une envie de vomir. Elle trouve sa cause le plus souvent dans une insuffisance à pouvoir bien digérer les aliments. Elle peut également être consécutive à la prise de certains traitements médicamenteux toxiques pour le foie, ou être le symptôme d'une autre affection (maladie hépatique, intestinale, anxiété, migraine, etc.). Si vous souffrez d'un état nauséeux qui ne cède pas au bout de 24 à 48 heures, une consultation chez le médecin est conseillée afin d'en déterminer la cause. La nausée est fréquente chez la femme enceinte surtout au cours des trois premiers mois de grossesse.

Traitement :

Local :

HE : ☛ MENTHE POIVRÉE
☛ CITRON JAUNE
☛ MANDARINIER

Massez le plexus et le thorax avec la préparation suivante :

* 2 grammes de chaque huile essentielle
* 30 grammes d'huile de millepertuis
* 30 grammes d'huile d'olive (première pression à froid) ou d'avocat

Renouvelez 1 à 2 fois dans la journée, si nécessaire.

Oral :
Prenez 1 goutte de chaque huile essentielle au moment du repas, soit dans un grand verre d'eau ou de jus de fruits, soit dans une cuillerée à dessert d'huile d'olive ou de tournesol (première pression à froid), ou bien de miel de thym, ou tout simplement sur un sucre. Renouvelez ce traitement 2 à 3 fois dans la journée.

NERVOSITÉ

La nervosité est un état non contrôlé, plus ou moins fort, d'excitation et d'agitation. Elle peut être le « trait de caractère » d'une personne connue pour être « nerveuse ». Elle peut aussi être due à une mauvaise hygiène de vie (manque de sommeil, stress trop important ou encore manque d'exercice physique) et aggravée par la prise d'excitants tels que le tabac, le café et le thé. Tant que la nervosité ne devient pas une entrave pour votre vie ou celle de votre entourage, il n'y a rien d'anormal. En revanche, être nerveux en permanence est un état qu'il faut combattre car il peut entraîner un manque de concentration, de maîtrise de soi, perturber le sommeil, voire déboucher sur la maladie (ulcère gastrique, dépression, etc.).

Traitement :

Local :

HE : ☛ LAVANDE OFFICINALE
☛ MANDARINIER
☛ BERGAMOTIER

Massez le plexus, le dos, les épaules et les tempes avec la préparation suivante :

* 2 grammes de chaque huile essentielle
* 30 grammes d'huile de millepertuis
* 30 grammes d'huile d'olive (première pression à froid) ou d'avocat

Renouvelez l'opération 1 à 2 fois dans la journée, si nécessaire.

Oral :

Prenez 1 goutte de chaque huile essentielle au moment du repas, soit dans un grand verre d'eau ou de jus de fruits, soit dans une cuillerée à dessert d'huile d'olive ou de tournesol (première pression à froid), ou bien de miel de thym, ou tout simplement sur un sucre.
Renouvelez ce traitement 2 à 4 fois dans la journée.

NÉVRALGIES

On appelle névralgies les douleurs dues à l'irritation ou la lésion d'un nerf quel qu'il soit. Les nerfs les plus souvent atteints sont le nerf sciatique, le nerf intercostal, le nerf facial et le nerf trijumeau.
Certaines maladies comme le zona donnent lieu à des névralgies, de même que certaines médications ou intoxications.

Traitement :

Local :

HE :
- ☛ GIROFLIER
- ☛ CAJEPUTIER
- ☛ LAVANDE OFFICINALE

Appliquez matin et soir sur le trajet et la zone douloureuse la préparation suivante :

- ✻ 2 grammes de chaque huile essentielle
- ✻ 20 grammes d'huile de millepertuis
- ✻ 20 grammes d'huile d'arnica
- ✻ 20 grammes d'huile d'olive (première pression à froid)

OTITE

C'est une inflammation de l'oreille moyenne et du tympan, souvent due à une infection de nature virale ou bactérienne. L'otite se traduit par des douleurs vives et lancinantes, elle s'accompagne le plus souvent de fièvre.
L'otite est parfois la complication d'une rhino-pharyngite, surtout chez le jeune enfant qui ne sait pas encore se moucher, aussi est-il très important de lui apprendre ce geste. De même, il faut savoir que la fameuse « sucette » mise régulièrement dans la bouche de bébé quand il pleure ou s'agite semble favoriser les otites.
Il est parfois inévitable d'avoir recours à une paracentèse (perforation du tympan), quand il y a présence de pus derrière le tympan, pour permettre à celui-ci de s'écouler.
Une otite mal soignée pouvant avoir des complications graves sur l'audition, il est fortement conseillé de consulter un médecin.

Traitement :

Local :

HE : ☛ CAJEPUTIER
☛ LAVANDE ASPIC
☛ MENTHE POIVRÉE

ou

HE : ☛ EUCALYPTUS var. *radiata*
☛ NIAOULI
☛ ROMARIN

1) Mettez dans l'oreille douloureuse, après confirmation de l'intégrité du tympan par un médecin, 1 à 2 gouttes de la préparation suivante :

* 1 gramme d'huile essentielle de lavande ou de romarin
* 10 grammes d'huile d'amande douce.

Renouvelez 1 à 2 fois dans la journée, si nécessaire.

2) Appliquez sur la peau, autour de l'oreille, un mélange d'1 goutte de chaque huile essentielle du premier ou du deuxième choix, et de 10 à 15 gouttes d'huile d'amande douce.
Renouvelez 2 à 3 fois dans la journée.

OXYURES

Les oxyures sont des petits vers blancs qui se développent dans les intestins et sont évacués dans les selles. Ils sont fréquents chez les enfants scolarisés en crèche. Ils se traduisent par des démangeaisons au niveau de l'anus, le plus souvent le soir ou la nuit.
La probabilité de leur présence doit aussi être évoquée lorsque l'enfant est anormalement excité et présente des troubles du sommeil.
Cette infection parasitaire est très contagieuse et se contracte le plus souvent en portant les doigts sales de l'anus à la bouche. Quand un membre d'une famille est porteur de ce parasite, il est indispensable de traiter toute la famille et de changer la literie ainsi que le linge de toilette. Il est à noter que chez les petites filles, une infection de la vulve et du vagin peut être observée à cette occasion.

Traitement :

Oral :

HE : ☛ SANTOLINE
☛ GÉRANIUM ROSAT
☛ MENTHE SYLVESTRE

Prenez 1 à 2 gouttes de chaque huile essentielle, 1 heure avant un repas très léger, soit dans un grand verre d'eau ou de jus de fruits, soit dans une cuillerée à soupe d'huile d'olive ou de tournesol (première pression à froid), ou bien de miel de thym, ou tout simplement dans un peu de mie de pain.
Renouvelez ce traitement 2 à 3 fois dans la journée.

PANARIS

Infection qui se situe au niveau des parties molles des doigts ou au bord de l'ongle, donnant lieu à un gonflement important, accompagné de douleurs pulsatiles qui peuvent perturber le sommeil.
Le panaris survient le plus souvent à la suite d'une petite blessure (peau arrachée, écharde, épine de fleur, etc.) qui sont autant de portes ouvertes aux bactéries, dont la plus fréquente est le staphylocoque doré.
Lorsque la poche de pus est importante, une incision s'avère généralement indispensable.
En cas de panaris, une consultation chez le médecin est nécessaire.

Traitement :

Local :

HE : ☛ LAVANDE OFFICINALE
☛ MÉLALEUQUE
☛ SAUGE OFFICINALE

Appliquez, pendant 1 heure environ sur la lésion, un coton imprégné de quelques gouttes de la préparation suivante :

* 1 gramme de chaque huile essentielle
* 3 grammes d'huile d'olive (première pression à froid)
* 3 grammes d'huile de calendula
* 3 grammes d'huile d'arachide

Renouvelez 3 à 4 fois par jour.

PANIQUE (CRISE DE)

La crise de panique, ou attaque de panique, peut survenir à tout moment et n'importe où (bureau, transports en commun, restaurant, cinéma...). Elle se traduit par une peur irrationnelle de mourir, plongeant la personne qui en est victime dans un état d'angoisse extrême. Elle s'accompagne le plus souvent de palpitations, d'une gêne respiratoire, de nausées, de vertiges et parfois même de l'impression d'être séparé de la réalité ou de soi-même. Les attaques de panique se rencontrent fréquemment chez les personnes anxieuses, phobiques ou dépressives.
Si les crises devenaient répétitives, une consultation chez le médecin est fortement conseillée car la personne redoutant la survenue d'une nouvelle attaque en vient très vite à ne plus vouloir sortir de chez elle, et peut avoir en pleine crise un comportement incontrôlé nuisible pour l'entourage et pour elle-même.

Traitement :

Local :

HE : ☛ LAVANDE OFFICINALE
☛ IRIS
☛ MÉLISSE OFFICINALE

Massez le plexus, le thorax, les épaules et les tempes avec la préparation suivante :

* 3 grammes de chaque huile essentielle
* 30 grammes d'huile de millepertuis
* 30 grammes d'huile d'olive (première pression à froid) ou d'avocat

Renouvelez 1 à 2 fois dans la journée, si nécessaire.

Oral :
Prenez 1 goutte de chaque huile essentielle au moment des repas, soit dans un grand verre d'eau ou de jus de fruits, soit dans une cuillerée à dessert d'huile d'olive ou de tournesol (première pression à froid), ou bien de miel de lavande, ou tout simplement sur un ou deux sucres.
Renouvelez ce traitement 2 à 4 fois dans la journée.

PARASITES INTESTINAUX

L'intestin peut être porteur de certains parasites, notamment les oxyures (voir ce terme) mais aussi bien d'autres, comme le ténia ou ver solitaire, et les ascaris, qui sont les plus communs.
La contamination peut se faire en portant les doigts sales à la bouche mais aussi par l'ingestion d'aliments contaminés. Certains animaux domestiques sont porteurs de parasites et si vos mains ou celles de vos enfants ont été en contact avec leurs déjections, il y a de fortes chances pour que, à votre tour, vous soyez contaminés. Pensez donc à demander à votre vétérinaire de vous donner les consignes pour déparasiter votre animal de compagnie et faites laver les mains de vos enfants après qu'ils ont joué avec lui ou quand ils rentrent de promenade ou du square.

Traitement :

Local :

HE :
- ☛ CANNELLE DE CEYLAN
- ☛ MENTHE POIVRÉE
- ☛ TÉRÉBENTHINE

Prenez 1 à 2 gouttes de chaque huile essentielle, 1 heure avant un repas très léger, soit dans un grand verre d'eau ou de jus de fruits, soit dans une cuillerée à soupe d'huile d'olive ou de tournesol (première pression à froid), ou bien de miel de thym, ou tout simplement dans un peu de mie de pain.
Renouvelez ce traitement 2 à 3 fois dans la journée.

PEAU GRASSE

Une peau grasse et luisante est le fait d'une sécrétion excessive de sébum. Les adolescents qui traversent généralement des périodes d'acné (voir ce terme) présentent le plus souvent une peau grasse.

Traitement :

Local :

HE :
- ☛ PAMPLEMOUSSIER
- ☛ CAROTTE
- ☛ CISTE

Appliquez matin et soir sur la peau la préparation suivante :
- ✱ 1 gramme de chaque huile essentielle
- ✱ 15 grammes d'huile de noisette
- ✱ 15 grammes d'huile de pépins de raisin

PEAU SÈCHE

Une peau sèche est souvent déshydratée (manque d'eau). Cet état de la peau provoque des sensations de tiraillements qui sont désagréables.
Lors de la ménopause, la peau a une tendance à s'assécher, c'est pourquoi il est important de bien en prendre soin. N'oubliez pas qu'une peau sèche favorise l'apparition des rides, mais toutes sortes d'affections telles que les inflammations, les boutons et les infections.

Traitement :

Local :

HE :
- ☛ GÉRANIUM ROSAT
- ☛ ACHILLÉE MILLEFEUILLE
- ☛ CAROTTE

Appliquez matin et soir sur la peau la préparation suivante :

- ✻ 1 gramme de chaque huile essentielle
- ✻ 15 grammes d'huile de noyaux d'abricot
- ✻ 15 grammes d'huile d'amande douce
- ✻ 10 grammes d'huile de bourrache
- ✻ 10 grammes d'huile de jojoba
- ✻ 10 grammes d'huile de germe de blé

PELLICULES (CUIR CHEVELU)

Les pellicules ne sont pas une maladie, il s'agit tout simplement de cellules mortes qui se détachent du cuir chevelu. Cette affection est due à une sécrétion excessive de sébum que l'on observe le plus souvent chez les personnes stressées et fatiguées. Un mauvais fonctionnement du foie peut les favoriser.

Traitement :

Local :

HE : ☛ CÈDRE DE L'ATLAS
☛ CADIER
☛ BOIS DE ROSE

Soit vous mélangez 2 grammes de chaque huile essentielle dans un flacon de lotion capillaire de 125 ml conseillée par votre pharmacien. Agitez bien le flacon puis pratiquez un massage doux de l'ensemble du cuir chevelu matin et soir. Laissez reposer environ une demi-heure et rincez.

Soit vous ajoutez à 125 ml de lotion capillaire conseillée par votre pharmacien le mélange suivant :

- ✱ 2 à 3 grammes de chaque huile essentielle
- ✱ 30 ml d'huile d'avocat
- ✱ 30 ml d'huile de carthame
- ✱ 30 ml d'huile de pépins de raisin
- ✱ 30 ml d'huile de germe d'amande douce
- ✱ 5 ml d'huile de germe de blé

Pratiquez, le soir, un massage doux de plusieurs minutes de l'ensemble du cuir chevelu. Laissez agir environ une demi-heure puis rincez.

PEUR

Le sentiment de peur n'a rien d'inquiétant quand il est justifié, il ne devient préoccupant que lorsque la peur prend des proportions excessives et qu'elle ne se justifie pas. On parle alors non plus de peur, mais de phobie. C'est le cas, par exemple, pour un très grand nombre de personnes qui ont peur des araignées ou des serpents. La peur peut donner les mêmes symptômes que l'anxiété.

Traitement :

Local :

HE : ☛ ÉRIOCÉPHALÉE
☛ DAVANA
☛ MÉLISSE

Massez-vous doucement au niveau du plexus, du thorax et des épaules, avec la préparation suivante :

* 2 grammes de chaque huile essentielle
* 30 grammes d'huile de millepertuis
* 30 grammes d'huile d'olive (première pression à froid) ou d'avocat

Renouvelez ce traitement 1 à 2 fois dans la journée, si nécessaire.

Oral :
Prenez 1 goutte de chaque huile essentielle au moment du repas, soit dans un grand verre d'eau ou de jus de fruits selon vos goûts, soit dans une cuillerée à dessert d'huile d'olive ou de tournesol (première pression à froid), ou bien de miel de lavande, ou tout simplement

sur un ou deux sucres. Renouvelez ce traitement 2 à 4 fois dans la journée.

PHARYNGITE

Inflammation douloureuse ressentie comme une brûlure au fond de la gorge, avec parfois une toux sèche. La pharyngite peut être aiguë (il s'agit le plus souvent d'une infection virale), ou bien chronique, notamment chez le fumeur. Quand elle s'accompagne d'un rhume, on parle de rhino-pharyngite (voir ce terme).

Traitement :

Local :

HE : ☛ SARRIETTE
☛ ROMARIN
☛ EUCALYPTUS var. *radiata*

Versez 1 goutte de chaque huile essentielle dans un demi-verre d'eau chaude (37°). Mélangez bien l'ensemble puis gargarisez-vous 1 à 2 minutes.
Renouvelez l'opération 2 à 3 fois dans la journée.

Oral :
Prenez 1 goutte de chaque huile essentielle au moment du repas, soit dans un grand verre d'eau ou de jus de fruits selon vos goûts, soit dans une cuillerée à dessert d'huile d'olive (première pression à froid), ou bien de miel, ou tout simplement dans un peu de mie de pain.
Renouvelez le traitement 1 à 2 fois dans la journée.

PIQÛRES D'INSECTES

Les piqûres de certains insectes ont pour effet de provoquer une réaction plus ou moins violente de l'organisme. À l'endroit de la piqûre, au niveau de la peau, apparaît le plus souvent un bouton qui devient rouge et parfois douloureux. Il est important de toujours bien procéder à la désinfection de la piqûre.
Le plus souvent, ces piqûres n'ont rien de très grave sauf quand la personne est allergique. Une piqûre de guêpe ou de frelon peut dans ce cas conduire à une hospitalisation. En cas de réaction violente à une première piqûre, un avis médical est à prendre pour connaître la conduite à tenir en cas de nouvel épisode.

Traitement :

Local :

HE : ☛ BOIS DE ROSE
☛ GÉRANIUM ROSAT
☛ SASSAFRAS

Appliquez matin et soir sur la ou les lésions la préparation suivante :

* 2 grammes de chaque huile essentielle
* 15 grammes d'huile d'amande douce
* 15 grammes d'huile d'olive (première pression à froid)
* 15 grammes d'huile de sésame
* 15 grammes d'huile d'arachide

PLAIE

Ouverture plus ou moins importante de la peau suite à un traumatisme. Toute plaie doit être systématiquement désinfectée. Quand une plaie est trop profonde, un avis médical est souhaitable, car une exploration de la blessure et des points de suture peuvent s'avérer nécessaires.

Traitement :

Local :

HE : ☛ SAUGE OFFICINALE
☛ LAVANDE OFFICINALE
☛ GÉRANIUM ROSAT

Appliquez matin et soir sur la lésion, après un premier nettoyage avec de l'eau savonneuse puis un désinfectant, la préparation suivante :

- ✻ 1 gramme de chaque huile essentielle
- ✻ 15 grammes d'huile d'amande douce
- ✻ 15 grammes d'huile d'olive (première pression à froid)
- ✻ 10 grammes d'un mélange d'huile de sésame et d'huile de germe de blé

RAGE DE DENT

Douleur lancinante au niveau d'une dent qui peut s'accompagner d'une réaction inflammatoire douloureuse, parfois impressionnante, et de fièvre. La cause la plus fréquente est l'abcès dentaire, consécutif à une carie ou l'infection d'un kyste au niveau d'une racine (voir aussi abcès dentaire, carie, et gingivite).

Traitement :

Local :

HE : ☛ POIVRE NOIR
☛ GIROFLIER
☛ MUSCADIER

Versez 1 goutte de chaque huile essentielle sur un petit morceau de coton, posez-le directement sur la dent cariée, et laissez-le en place le plus longtemps possible. Renouvelez l'application plusieurs fois dans la journée.

RÈGLES DOULOUREUSES

Douleurs spasmodiques d'intensité variable qui accompagnent souvent les règles.

Traitement :

Local :

HE : ☛ ARMOISE HERBE BLANCHE
☛ ORANGER AMER
☛ ANETH ODORANT

Massez doucement tout le bas-ventre avec la préparation suivante :

- ✱ 2 grammes de chaque huile essentielle
- ✱ 20 grammes d'huile de millepertuis
- ✱ 20 grammes d'huile d'onagre
- ✱ 20 grammes d'huile d'olive (première pression à froid)

Renouvelez l'opération 1 à 2 fois dans la journée, si nécessaire.

RHINITE ALLERGIQUE

Réaction inflammatoire des fosses nasales due à la présence d'un agent allergisant (pollens, produits chimiques, etc.). La rhinite allergique se traduit par un écoulement nasal, et parfois une toux.

Traitement :

Local :

HE :
- ☛ ARMOISE ARBORESCENTE
- ☛ CAMOMILLE ROMAINE
- ☛ TANAISIE ANNUELLE

Versez 1 goutte de chaque huile essentielle dans un verre d'eau très chaude et respirez 1 à 3 minutes les vapeurs qui se dégagent.
Renouvelez 1 à 2 fois dans la journée si nécessaire.

Ou bien : respirez, plusieurs fois par jour, quelques gouttes d'un mélange d'1 goutte de chaque huile essentielle et de 10 à 15 gouttes d'alcool à 90°.

Oral :
Prenez 1 goutte de chaque huile essentielle au moment du repas, soit dans un grand verre d'eau ou de jus de fruits selon vos goûts, soit dans une cuillerée d'huile d'olive (première pression à froid), ou bien de miel, ou tout simplement dans un peu de mie de pain.
Renouvelez le traitement 1 à 2 fois dans la journée.

RHINO-PHARYNGITE

Affection du nez et de la gorge fréquente en hiver, notamment chez les enfants. La rhino-pharyngite se traduit par un écoulement nasal et une toux. Elle peut être accompagnée de fièvre. Si après 24 à 48 heures les symptômes persistent, une consultation chez votre médecin est conseillée.

Traitement :

Local :

HE : ☛ EUCALYPTUS var. *radiata*
☛ MYRTE COMMUN
☛ RAVINTSARA

Versez 1 goutte de chaque huile essentielle dans un verre d'eau très chaude et respirez 1 à 3 minutes les vapeurs qui se dégagent.
Renouvelez l'opération 1 à 2 fois dans la journée si nécessaire.
Ou bien : respirez, plusieurs fois par jour, quelques gouttes d'un mélange d'1 goutte de chaque huile essentielle et de 10 à 15 gouttes d'alcool à 90°.
Ou encore : versez 1 goutte de chaque huile essentielle dans un demi-verre d'eau chaude (37°). Mélangez bien l'ensemble puis gargarisez-vous pendant 1 à 2 minutes.
Renouvelez l'opération 2 à 3 fois dans la journée.

Oral :
Prenez 1 goutte de chaque huile essentielle au moment du repas, soit dans un grand verre d'eau ou de jus de fruits selon vos goûts, soit dans une cuillerée à dessert d'huile d'olive (première pression à froid), ou bien de miel, ou tout simplement dans un peu de mie de pain.
Renouvelez le traitement 1 à 2 fois dans la journée.

RHUMATISMES

Affection articulaire soit locale, soit généralisée, qui est le résultat d'un déséquilibre mettant en jeu divers paramètres, tant alimentaires que métaboliques, immunitaires et hormonaux.
L'humidité et les changements de temps ne font que révéler leur présence.

Traitement :

Local :

HE : ☛ LAURIER D'APOLLON
☛ THYM
☛ SAUGE OFFICINALE

Matin et soir, appliquez sur l'articulation douloureuse la préparation suivante :

* 2 grammes de chaque huile essentielle
* 15 grammes d'huile de millepertuis
* 15 grammes d'huile de calendula
* 30 grammes d'huile d'olive (première pression à froid)

RHUME DES FOINS

Rhume d'origine allergique en raison des pollens et des graminées qui flottent dans l'air à certaines saisons, notamment au printemps et en été. Il se traduit par des éternuements, un nez bouché, des yeux parfois rouges et larmoyants (conjonctivite allergique).

Traitement :

Local :

HE : ☛ ARMOISE ARBORESCENTE
☛ CAMOMILLE ROMAINE
☛ TANAISIE ANNUELLE

Versez 1 goutte de chaque huile essentielle dans un verre d'eau très chaude et respirez 1 à 3 minutes les vapeurs qui se dégagent.
Renouvelez 1 à 2 fois dans la journée si nécessaire.
Ou bien : respirez, plusieurs fois par jour, quelques gouttes d'un mélange d'1 goutte de chaque huile essentielle et de 10 à 15 gouttes d'alcool à 90°.

Oral :
Prenez 1 goutte de chaque huile essentielle au moment du repas, soit dans un grand verre d'eau ou de jus de fruits selon vos goûts, soit dans une cuillerée à dessert d'huile d'olive (première pression à froid), ou bien de miel, ou tout simplement dans un peu de mie de pain.
Renouvelez le traitement 1 à 2 fois dans la journée.

RIDES

Ce sont des sillons plus ou moins prononcés qui se forment sur le visage, le cou et le reste du corps. Les rides sont le résultat du vieillissement cutané, mais soulignent également nos expressions (sourire, front plissé...). Une peau sèche et déshydratée favorise leur apparition, il est donc très important de bien la protéger en appliquant quotidiennement des crèmes hydratantes. Il faut garder à l'esprit qu'une exposition trop prolongée au soleil, ainsi que la consommation de tabac accélèrent prématurément le vieillissement de la peau.

Traitement :

Local :

HE : ☛ SANTAL BLANC
☛ LAURIER D'APOLLON
☛ PALMA-ROSA

Appliquez matin et soir sur la peau la préparation suivante :

- ✻ 1 gramme de chaque huile essentielle
- ✻ 15 grammes d'huile de noyaux d'abricot
- ✻ 15 grammes d'huile de germe de blé
- ✻ 15 grammes d'huile de bourrache
- ✻ 15 grammes d'huile d'onagre
- ✻ 15 grammes d'huile de jojoba

SINUSITE

Inflammation aiguë ou chronique des sinus frontaux ou maxillaires qui se traduit le plus souvent par des douleurs importantes au niveau des sinus et un écoulement nasal purulent. Elle peut être accompagnée de fièvre.
La sinusite est le plus souvent le résultat d'une infection bactérienne. Toutefois, une origine allergique peut être évoquée lorsqu'elle se déclenche dans certaines situations (allergie saisonnière, alimentation particulière, changement de climat...).
Si, au bout de 24 à 48 heures les symptômes persistent, une consultation chez votre médecin est recommandée.

Traitement :

Local :

HE : ☛ RAVINTSARA
☛ ROMARIN
☛ CAJEPUTIER

Versez 2 gouttes de chaque huile essentielle dans un bol ou un inhalateur rempli d'eau très chaude. Respirez pendant 2 à 6 minutes les vapeurs qui se dégagent (en gardant une serviette sur la tête, si vous choisissez d'utiliser un bol).
Renouvelez l'opération 1 à 2 fois dans la journée si nécessaire.

Ou bien : respirez plusieurs fois dans la journée quelques gouttes de la préparation suivante :

- ✱ 1 goutte de chaque huile essentielle
- ✱ 10 à 15 gouttes d'alcool à 90°

Oral :

HE :
- ☛ ANETH ODORANT
- ☛ MENTHE BERGAMOTE
- ☛ GENÉVRIER COMMUN

Prenez 1 goutte de chaque huile essentielle au moment du repas, soit dans un grand verre d'eau ou de jus de fruits selon vos goûts, soit dans une cuillerée à dessert d'huile d'olive (première pression à froid), ou bien de miel, ou tout simplement dans un peu de mie de pain.
Renouvelez le traitement 1 à 2 fois dans la journée.

STRESS

Réponse de l'organisme face à des agressions dont l'origine peut être très diverse (maladies, surmenage, problèmes familiaux, etc.). Un organisme trop stressé peut se déséquilibrer et être la porte ouverte à certaines maladies. Il est donc important d'apprendre à gérer au mieux son stress pour en modérer les conséquences.

Traitement :

Local :

HE : ☛ CAMOMILLE ROMAINE
☛ BASILIC
☛ TANAISIE

Massez le plexus, le dos, les épaules et les tempes, avec la préparation suivante :

* 2 grammes de chaque huile essentielle
* 30 grammes d'huile de millepertuis
* 30 grammes d'huile d'olive (première pression à froid) ou d'huile d'avocat

Renouvelez l'opération 1 à 2 fois dans la journée, si nécessaire.

Oral :
Prenez 1 goutte de chaque huile essentielle au moment du repas, soit dans un grand verre d'eau ou de jus de fruits selon vos goûts, soit dans une cuillerée à dessert d'huile d'olive ou de tournesol (première pression à froid), ou bien de miel de lavande, ou tout simplement sur un ou deux sucres. Renouvelez le traitement 2 à 4 fois dans la journée.

TABAGISME

Fumer est un acte extrêmement nocif pour la santé. Tous les ans, le tabac est responsable d'un très grand nombre de décès, de divers cancers, de bronchites chroniques et de maladies cardio-vasculaires (infarctus, artérite, etc.). Il est donc impératif d'arrêter et, en raison de la dépendance induite par la nicotine et les produits ajoutés par les fabricants, il est fortement conseillé de vous faire aider médicalement.

Traitement :

Local :

HE : ☛ SASSAFRAS
☛ ÉRIOCÉPHALÉE
☛ MENTHE VERTE

Frictionnez-vous de façon tonique au niveau du thorax, du dos, des épaules et des tempes avec la préparation suivante :

- ✻ 2 grammes de chaque huile essentielle
- ✻ 20 grammes d'huile d'arnica
- ✻ 20 grammes d'huile d'amande douce
- ✻ 20 grammes d'huile de tournesol (première pression à froid)

Renouvelez l'opération 2 à 4 fois dans la journée, si nécessaire.

Oral :
Prenez 1 goutte de chaque huile essentielle au moment du repas, soit dans un grand verre d'eau ou de jus de fruits selon vos goûts, soit dans une cuillerée à dessert

d'huile d'olive (première pression à froid), ou bien de miel des Landes, ou tout simplement sur un ou deux sucres.
Renouvelez le traitement 2 à 4 fois dans la journée.

TIMIDITÉ

Pour certains d'entre nous, il est parfois difficile de prendre la parole en public ou tout simplement de faire connaissance avec de nouvelles personnes. On parle alors de timidité. Ce sentiment de timidité s'accompagne parfois de symptômes semblables à ceux de l'anxiété.

Traitement :

Local :

HE : ☛ MENTHE POIVRÉE
☛ MENTHE VERTE
☛ YLANG-YLANG

Massez le plexus, le thorax, les épaules et les tempes avec la préparation suivante :
- ✱ 2 grammes de chaque huile essentielle
- ✱ 30 grammes d'huile de millepertuis
- ✱ 30 grammes d'huile d'olive (première pression à froid) ou d'avocat

Renouvelez l'opération 1 à 2 fois dans la journée, si nécessaire.

Oral :
Prenez 1 goutte de chaque huile essentielle au moment du repas, soit dans un grand verre d'eau ou de jus de

fruits selon vos goûts, soit dans une cuillerée à dessert d'huile d'olive ou de tournesol (première pression à froid), ou bien de miel de thym, ou tout simplement sur un ou deux sucres.
Renouvelez le traitement 2 à 4 fois dans la journée.

TORTICOLIS

Le torticolis se traduit par une contraction musculaire permanente d'un côté du cou. Le moindre mouvement de torsion de la tête devient alors douloureux. Cette douleur peut se prolonger jusque dans le bras.
Ce trouble locomoteur peut survenir à n'importe quel âge et est souvent le fait d'une mauvaise posture de la tête pendant un temps plus ou moins prolongé, mais aussi une réaction à un traumatisme.
Si vous avez un torticolis, il est conseillé d'éviter les courants d'air et de porter une écharpe ou un foulard, sources de chaleur.
Si malgré le traitement, et après 24 à 48 heures la gêne persistait, il est plus prudent de consulter un médecin.

Traitement :

Local :

HE : ☛ MENTHE POIVRÉE
☛ ROMARIN
☛ SOUCI

Massez en douceur, matin et soir, la zone musculaire douloureuse avec la préparation suivante :
∗ 2 grammes de chaque huile essentielle
∗ 20 grammes d'huile de d'arnica
∗ 20 grammes d'huile de calendula

* 20 grammes d'huile d'olive (première pression à froid)

TOUX (BRONCHITE, LARYNGITE)

La toux est un signe qui accompagne certaines maladies. Ses origines peuvent donc être multiples (bronchite, laryngite, trachéite, tumeur pulmonaire, allergies, etc.). Il faut distinguer deux types de toux : la toux sèche et la toux grasse qui s'accompagne d'expectorations. La toux doit être épisodique, car si vous souffrez d'une toux persistante, une consultation chez votre médecin est prudente. La toux peut aussi être un effet secondaire de certains médicaments.

Traitement :

Local :

HE :
- ☛ LAVANDE
- ☛ SERPOLET
- ☛ MYRTE COMMUN

Frictionnez-vous de façon tonique le thorax et le dos, avec la préparation suivante :

* 3 grammes de chaque huile essentielle
* 30 grammes d'huile d'arnica
* 30 grammes d'huile d'olive (première pression à froid)
* 30 grammes d'huile de calendula

Renouvelez l'opération 2 à 3 fois dans la journée, si nécessaire.

Oral :

Prenez 1 à 2 gouttes de chaque huile essentielle au

moment du repas, soit dans un grand verre d'eau ou de jus de fruits selon vos goûts, soit dans une cuillerée à soupe d'huile d'olive (première pression à froid), ou bien de miel des Landes, ou tout simplement dans de la mie de pain.
Renouvelez le traitement 2 à 4 fois dans la journée.

TRAC

Le trac est ce sentiment que l'on peut ressentir à l'approche d'un événement stressant comme passer un examen, entrer en scène pour un acteur, prendre la parole dans une réunion, etc.
Le trac, comme la timidité, peut donner des symptômes identiques à ceux de l'anxiété (voir ce terme).

Traitement :

Local :

HE : ☛ ÉRIOCÉPHALÉE
☛ DAVANA
☛ MÉLISSE

Massez-vous doucement au niveau du plexus, du thorax, des épaules et des tempes, avec la préparation suivante :
- ✱ 3 grammes de chaque huile essentielle
- ✱ 30 grammes d'huile de millepertuis
- ✱ 30 grammes d'huile d'olive (première pression à froid) ou d'avocat

Renouvelez ce traitement 1 à 2 fois dans la journée, si nécessaire.

Oral :
Prenez 1 goutte de chaque huile essentielle au moment du repas, soit dans un grand verre d'eau ou de jus de fruits selon vos goûts, soit dans une cuillerée à dessert d'huile d'olive ou de tournesol (première pression à froid), ou bien de miel de lavande, ou tout simplement sur un ou deux sucres. Renouvelez ce traitement 2 à 4 fois dans la journée.

TRACHÉITE

Inflammation de la paroi de la trachée qui se traduit par une toux essentiellement sèche. Elle accompagne le plus souvent une bronchite ou une laryngite.

Traitement :

Local :

HE :
- ☛ NIAOULI
- ☛ THYM
- ☛ SARRIETTE

Massez de manière tonique au niveau du thorax, avec la préparation suivante :
- ✱ 3 grammes de chaque huile essentielle
- ✱ 30 grammes d'huile de calendula
- ✱ 30 grammes d'huile d'olive (première pression à froid) ou d'avocat

Renouvelez ce traitement 1 à 2 fois dans la journée, si nécessaire.

Oral :
Prenez 1 goutte de chaque huile essentielle au moment du repas, soit dans un grand verre d'eau ou de jus de fruits selon vos goûts, soit dans une cuillerée à dessert d'huile d'olive (première pression à froid), ou bien de miel, ou tout simplement dans un peu de mie de pain. Renouvelez ce traitement 1 à 2 fois dans la journée.

TRISTESSE

Sentiment qui pousse l'individu à perdre sa joie de vivre. La tristesse est courante à la suite d'un deuil, d'un divorce, etc. Une éventuelle dépression doit être évoquée face à une tristesse qui dure trop longtemps.

Traitement :

Local :

HE : ☛ YLANG-YLANG

Massez le plexus, le thorax, le dos, les épaules et les tempes avec la préparation suivante :

- ✱ 6 grammes d'huile essentielle
- ✱ 30 grammes d'huile de millepertuis
- ✱ 30 grammes d'huile d'olive (première pression à froid) ou d'avocat

Renouvelez l'opération 1 à 2 fois dans la journée, si nécessaire.

Oral :
Prenez 4 à 6 gouttes de l'huile essentielle au moment du repas, soit dans un grand verre d'eau ou de jus de fruits

selon vos goûts, soit dans une cuillerée à soupe d'huile d'olive ou de tournesol (première pression à froid), ou bien de miel de lavande, ou tout simplement sur un sucre.
Renouvelez ce traitement 2 à 3 fois dans la journée.

TROUBLES HÉPATOBILIAIRES

Troubles liés à un mauvais fonctionnement du foie et de la vésicule biliaire, ce qui entraîne des troubles divers de la digestion, avec des ballonnements, des gaz, des envies de dormir après les repas, des troubles du transit, etc.

Traitement :

Local :

HE : ☛ CORIANDRE DOUX
☛ GENÉVRIER COMMUN
☛ MANDARINIER

Massez doucement le plexus, la région hépatique et pancréatique avec la préparation suivante :
* 2 grammes de chaque huile essentielle
* 30 grammes d'huile de millepertuis
* 30 grammes d'huile d'olive (première pression à froid) ou d'avocat

Renouvelez l'opération 1 à 2 fois dans la journée, si nécessaire.

Oral :
Prenez 1 goutte de chaque huile essentielle au moment du repas, soit dans un grand verre d'eau ou de jus de

fruits, soit dans une cuillerée à dessert d'huile d'olive (première pression à froid), ou bien de miel de lavande, ou tout simplement dans un peu de mie de pain. Renouvelez ce traitement 1 à 2 fois dans la journée.

TROUBLES DU SOMMEIL

Les troubles du sommeil peuvent se traduire par des réveils nocturnes, des cauchemars, des difficultés à l'endormissement ou au rendormissement. Trop de stress, le surmenage, une vie trop sédentaire, la dépression, des problèmes professionnels ou familiaux, les décalages horaires, etc., en sont le plus souvent la cause.

Traitement :

Local :

HE : ☛ VALÉRIANE OFFICINALE
☛ MANDARINIER
☛ MÉLISSE

Massez le plexus, le thorax, les épaules, et les tempes avec la préparation suivante :

- ✻ 2 grammes de chaque huile essentielle
- ✻ 30 grammes d'huile de millepertuis
- ✻ 30 grammes d'huile d'olive (première pression à froid) ou d'avocat

Renouvelez l'opération 1 à 2 fois dans la journée, si nécessaire.

Oral :
Prenez 1 goutte de chaque huile essentielle au moment

du repas, soit dans un grand verre d'eau ou de jus de fruits, soit dans une cuillerée à dessert d'huile d'olive ou de tournesol (première pression à froid), ou bien de miel de lavande, ou tout simplement sur un ou deux morceaux de sucre.
Renouvelez ce traitement 2 à 4 fois dans la journée.

VARICES

Elles se traduisent par une dilatation permanente des veines. D'aspect inesthétique, elles se situent le plus souvent au niveau des membres inférieurs et s'accompagnent parfois de sensations de jambes lourdes.
Les varices, qui peuvent être constitutionnelles ou héréditaires, sont favorisées par la chaleur, la station debout prolongée, le manque d'exercice physique, l'excès de poids, etc. Dans certains cas, lorsqu'elles sont trop importantes, elles nécessitent alors une intervention chirurgicale.

Traitement :

Local :

HE : ☛ CYPRÈS
☛ ANGOSTURE
☛ CISTE

En partant toujours de l'extrémité de la jambe et en remontant vers la cuisse, procédez à un massage doux et en profondeur, avec la préparation suivante :

- ✱ 2 grammes de chaque huile essentielle
- ✱ 20 grammes d'huile de macadamia
- ✱ 20 grammes d'huile de millepertuis

* 20 grammes d'huile d'olive (première pression à froid)

Oral :
Prenez 1 goutte de chaque huile essentielle au moment du repas, soit dans un grand verre d'eau ou de jus de fruits, soit dans une cuillerée à dessert d'huile d'olive ou de tournesol (première pression à froid), ou bien de miel de thym, ou tout simplement sur un ou deux morceaux de sucre.
Renouvelez ce traitement 2 à 4 fois dans la journée.

VARICOSITÉS

Ce sont des petits vaisseaux violacés qui se situent souvent à l'arrière ou à l'intérieur des jambes. Elles sont généralement dues à la chaleur, à la station debout prolongée, etc. Quand elles sont visibles au niveau du visage, on parle de couperose.

Traitement :

Local :

HE : ☛ CYPRÈS
☛ MATRICAIRE
☛ GERMANDRÉE GLAUQUE

En partant toujours de l'extrémité de la jambe et en remontant vers la cuisse, procédez à un massage doux avec la préparation suivante :

* 2 grammes de chaque huile essentielle
* 20 grammes d'huile de macadamia
* 20 grammes d'huile de carthame

* 20 grammes d'huile d'olive (première pression à froid)

Renouvelez l'opération 2 à 4 fois dans la journée, si nécessaire.

Oral :

HE : ☛ ANGOSTURE
☛ CYPRÈS
☛ CISTE

Prenez 1 goutte de chaque huile essentielle au moment du repas, soit dans un grand verre d'eau ou de jus de fruits, soit dans une cuillerée à dessert d'huile d'olive ou de tournesol (première pression à froid), ou bien de miel de thym, ou tout simplement dans un peu de mie de pain. Renouvelez ce traitement 1 à 2 fois dans la journée.

VERRUE

Petite prolifération à caractère bénin dont l'origine est virale. D'aspect jaunâtre et transparent, les verrues s'enlèvent en général par l'application d'azote liquide. Ces tumeurs affectent les adultes, mais sont plus fréquentes chez les enfants et se situent le plus souvent au niveau des mains et des pieds. Quand elles se trouvent sous la plante des pieds, on parle alors de verrues plantaires. Celles-ci surviennent généralement lors de la fréquentation des piscines publiques.

Traitement :

Local :

HE : ☛ AIL
☛ THUYA
☛ CISTE

Appliquez sur la lésion, le soir et pour la nuit, en prenant soin de protéger la peau saine environnante, la préparation suivante :

✻ 1 goutte de chaque huile essentielle
✻ 10 gouttes d'huile d'amande douce ou 5 grammes de vaseline salicylée

Renouvelez le traitement chaque soir, pendant plus de 8 à 10 jours.

VIEILLISSEMENT CUTANÉ

Processus normal du temps, qui se traduit par une atrophie du tissu cutané et l'apparition de rides. Malheureusement, certaines personnes sont plus prédisposées aux rides que d'autres !
Pensez toujours à bien hydrater votre peau.

Traitement :

Local :

HE : ☛ CAROTTE
☛ ACHILLÉE
☛ HÉLICHRYSE

Appliquez matin et soir sur la peau, la préparation suivante :

* 1 gramme de chaque huile essentielle
* 15 grammes d'huile de noyaux d'abricot
* 15 grammes d'huile de germe de blé
* 10 grammes d'huile de bourrache
* 10 grammes d'huile d'onagre
* 10 grammes d'huile de jojoba

ZONA

Affection virale (même virus que la varicelle) pouvant être extrêmement douloureuse. Le zona se traduit généralement par l'apparition de vésicules siégeant tout le long du trajet d'un nerf. Dans certains cas, le zona s'exprime uniquement par des douleurs intenses, sans qu'il y ait une éruption à la surface de la peau. Ces douleurs peuvent durer de quelques semaines à plusieurs mois.
Bien qu'en théorie, tous les nerfs puissent être touchés, les principaux sont le nerf facial, le nerf intercostal et le nerf ophtalmique. Dans ce dernier cas, les lésions sont délicates et si elles sont mal soignées, elles peuvent entraîner des séquelles affectant la vue.
En cas de zona, même si le traitement par les huiles essentielles s'avère être efficace sur la douleur et la cicatrisation, vous ne devez pas hésiter à consulter votre médecin.

Traitement :

Local :

HE : ☛ RAVINTSARA
☛ LAVANDE ASPIC
☛ MENTHE POIVRÉE

Appliquez sur la lésion la préparation suivante :

* 2 grammes de chaque huile essentielle
* 10 grammes d'huile de noyaux d'abricot
* 10 grammes d'huile de pépins de raisin
* 10 grammes d'huile de sésame
* 10 grammes d'huile d'olive (première pression à froid)
* 10 grammes d'huile d'onagre
* 10 grammes d'huile d'aloès

Renouvelez l'opération 2 à 3 fois dans la journée.

Tableaux des maladies et des huiles essentielles utilisées pour chacune d'entre elles

Troubles divers

PATHOLOGIES	HUILES ESSENTIELLES	MODE D'UTILISATION
COUP DE CHALEUR	*Cajeputier* *Matricaire* *Mélisse officinale*	Local et oral
DÉMINÉRALISATION	*Sauge officinale* *Achillée millefeuille* *Matricaire*	Oral
DIABÈTE	*Eucalyptus, var.* citriodora *Pin sylvestre* *Menthe bergamote*	Local et oral
FATIGUE OCULAIRE	*Ylang-Ylang* *Menthe poivrée* *Sarriette*	Local et oral
FATIGUE PHYSIQUE ET INTELLECTUELLE	*Muscadier* *Sassafras* *Romarin*	Local et oral
FIÈVRE	*Verveine odorante* *Gingembre* *Niaouli*	Local et oral
MAL DES TRANSPORTS	*Menthe poivrée* *Citron jaune* *Mandarinier*	Local et oral
MYCOSE DES ONGLES	*Bois de rose* *Sarriette* *Lavande officinale*	Local
OXYURES	*Santoline* *Géranium rosat* *Menthe sylvestre*	Oral
PARASITES INTESTINAUX	*Cannelle de Ceylan* *Menthe poivrée* *Térébenthine*	Oral

TROUBLES DU CUIR CHEVELU

PATHOLOGIES	HUILES ESSENTIELLES	MODE D'UTILISATION
ALOPÉCIE	*Sauge officinale* *Lavande officinale* *Marjolaine*	Local
ALOPÉCIE SÉBORRHÉIQUE	*Sauge officinale* *Citron jaune* *Cèdre de l'Atlas*	Local
CHUTE DE CHEVEUX	*Sauge officinale* *Marjolaine* *Citron jaune*	Local
PELLICULES	*Cèdre de l'Atlas* *Cadier* *Bois de rose*	Local

TROUBLES DE LA TÊTE ET DES YEUX

PATHOLOGIES	HUILES ESSENTIELLES	MODE D'UTILISATION
CÉPHALÉE	*Lavande officinale* *Romarin* *Cascarille*	Local et oral
CERNES	*Basilic* *Carotte* *Sassafras*	Oral
CONJONCTIVITE	*Armoise* *Nigelle* *Camomille romaine*	Oral
FATIGUE OCULAIRE	*Basilic* *Menthe poivrée* *Romarin*	Oral
MAL DE TÊTE	*Lavande officinale* *Romarin* *Cascarille*	Oral
MIGRAINE	*Cajeputier* *Lavande officinale* *Giroflier*	Local et oral

TROUBLES DE LA BOUCHE ET DES DENTS

PATHOLOGIES	HUILES ESSENTIELLES	MODE D'UTILISATION
ABCÈS DENTAIRES	*Bay* *Cajeputier* *Giroflier*	Local
APHTES	*Fenouil* *Lavande officinale* *Sauge officinale*	Local
CARIE DENTAIRE	*Poivre noir* *Giroflier* *Muscadier*	Local
GINGIVITE	*Ciste* *Cyprès* *Niaouli*	Local
GLOSSITE	*Lavande officinale* *Sauge officinale* *Camomille sauvage*	Local
MAL DE DENTS RAGE DE DENTS	*Giroflier* *Poivre noir* *Bay*	Local
SAIGNEMENTS DES GENCIVES	*Achillée millefeuille* *Ciste* *Géranium rosat*	Local

Troubles du nez, de la gorge et des oreilles

PATHOLOGIES	HUILES ESSENTIELLES	MODE D'UTILISATION
AMYGDALITE	*Lavande aspic* *Basilic* *Mélaleuque*	Local
ANGINE	*Eucalyptus* *Niaouli* *Romarin*	Local
APHONIE EXTINCTION DE VOIX	*Thym* *Sarriette* *Épinette noire*	Local et oral
DOULEUR AURICULAIRE	*Cajeputier* *Lavande aspic* *Menthe poivrée*	Local
ENROUEMENT	*Thym* *Sarriette* *Romarin*	Local et oral
LARYNGITE TRACHÉITE	*Niaouli* *Thym* *Sarriette*	Local et oral
OTITE	*Eucalyptus var.* radiata *Niaouli* *Romarin*	Local

PHARYNGITE	*Sarriette* *Romarin* *Eucalyptus* *var.* radiata	Local et oral
REFROIDISSEMENT	*Thym* *Sarriette* *Romarin*	Local et oral
RHINITE ALLERGIQUE	*Armoise arborescente* *Camomille romaine* *Tanaisie annuelle*	Local et oral
RHINO-PHARYNGITE	*Eucalyptus* *var.* radiata *Myrte commun* *Ravintsara*	Local
SINUSITE	*Ravintsara* *Romarin* *Cajeputier*	Local et oral

TROUBLES DE L'APPAREIL GÉNITAL

PATHOLOGIES	HUILES ESSENTIELLES	MODE D'UTILISATION
ASTHÉNIE SEXUELLE	*Ylang-ylang* *Menthe poivrée* *Gingembre*	Local
CONGESTION DE LA PROSTATE	*Thuya* *Cyprès* *Lentisque pistachier*	Local et oral
RÈGLES DOULOUREUSES	*Armoise herbe blanche* *Oranger amer* *Aneth odorant*	Local

TROUBLES DE LA PEAU

PATHOLOGIES	HUILES ESSENTIELLES	MODE D'UTILISATION
ACNÉ JUVÉNILE	*Géranium rosat* *Palma-rosa* *Souci*	Local
ACNÉ ROSACÉ	*Souci* *Sauge officinale* *Menthe poivrée*	Local
BRÛLURES SUPERFICIELLES	*Carotte* *Lavande officinale* *Sauge officinale*	Local
CELLULITE	*Cèdre de l'Atlas* *Crithme marine* *Sauge officinale*	Local
CONTUSIONS ECCHYMOSES	*Ciste* *Géranium rosat* *Eucalyptus var.* globulus	Local
COUP DE SOLEIL	*Lavande officinale* *Matricaire* *Souci*	Local
COUPEROSE	*Sauge officinale* *Menthe poivrée* *Hélichryse*	Local
COUPURES PLAIES	*Lavande officinale* *Sauge officinale* *Géranium rosat*	Local
CREVASSES	*Achillée millefeuille* *Sauge officinale* *Cèdre de l'Atlas*	Local
DARTRES	*Cèdre de l'Atlas* *Camomille romaine* *Sauge officinale*	Local
DURILLON	*Cajeputier* *Hélichryse* *Laurier d'Apollon*	Local

ECZÉMA	*Achillée millefeuille* *Camomille romaine* *Lavande officinale*	Local
FURONCLE	*Lavande officinale* *Niaouli* *Sauge officinale*	Local
GERÇURES	*Achillée millefeuille* *Sauge officinale* *Carotte*	Local
HÉMATOME SUPERFICIEL	*Hélichryse verte* *Cyste* *Sabine*	Local
HERPÈS	*Niaouli* *Lavande aspic* *Hysope*	Local
PANARIS	*Lavande aspic* *Mélaleuque* *Sauge officinale*	Local
PEAU GRASSE	*Pamplemoussier* *Carotte* *Ciste*	Local
PEAU SÈCHE	*Géranium rosat* *Achillée millefeuille* *Carotte*	Local
PIQÛRE D'INSECTES	*Bois de rose* *Géranium rosat* *Sassafras*	Local
RIDES	*Santal blanc* *Laurier d'Apollon* *Palma-rosa*	Local
VERRUE	*Ail* *Thuya*	Local
VIEILLISSEMENT CUTANÉ	*Carotte* *Achillée millefeuille* *Hélichryse verte*	Local
ZONA	*Ravintsara* *Lavande aspic* *Menthe poivrée*	Local

TROUBLES DE L'APPAREIL RESPIRATOIRE

PATHOLOGIES	HUILES ESSENTIELLES	MODE D'UTILISATION
ASTHME	*Lavande officinale* *Camomille romaine* *Niaouli*	Local et oral
BRONCHITE AIGUË	*Lavande officinale* *Marjolaine à coquilles* *Eucalyptus var.* globulus	Local et oral
BRONCHITE CHRONIQUE	*Myrte commun* *Sassafras* *Bois de rose*	Local et oral
TABAGISME	*Sassafras* *Ériocéphalée* *Menthe verte*	Local et oral
TOUX	*Lavande officinale* *Serpolet* *Myrte commun*	Local et oral

TROUBLES DE L'APPAREIL CIRCULATOIRE

PATHOLOGIES	HUILES ESSENTIELLES	MODE D'UTILISATION
HÉMORROÏDES	*Cyprès* *Sauge sclarée* *Néroli bigaradier*	Local et oral
JAMBES LOURDES	*Géranium rosat* *Myrte commun* *Tanaisie*	Local et oral
VARICES	*Cyprès* *Angosture* *Ciste*	Local et oral
VARICOSITÉS	*Matricaire* *Cyprès* *Germandrée glauque*	Local et oral

TROUBLES DE L'APPAREIL URINAIRE

PATHOLOGIES	HUILES ESSENTIELLES	MODE D'UTILISATION
CYSTITE	*Bouleau* *Cannelier de Ceylan* *Copahu*	Local et oral
COLIQUE NÉPHRÉTIQUE	*Aneth odorant* *Lavande officinale* *Calamus*	Local et oral

TROUBLES DE L'APPAREIL LOCOMOTEUR

PATHOLOGIES	HUILES ESSENTIELLES	MODE D'UTILISATION
ARTHRITE	*Bouleau* *Camphrier* *Sauge officinale*	Local
CRAMPES MUSCULAIRES	*Lavande officinale* *Ravintsara* *Anis vert*	Local
DOULEURS ARTICULAIRES	*Curcuma* *Giroflier* *Laurier d'Apollon*	Local
DOULEURS MUSCULAIRES	*Menthe poivrée* *Romarin* *Souci*	Local
ENTORSE FOULURE	*Bouleau* *Giroflier* *Souci*	Local
NÉVRALGIES	*Giroflier* *Cajeputier* *Lavande officinale*	Local
RHUMATISMES	*Laurier d'Apollon* *Thym* *Sauge officinale*	Local
TORTICOLIS	*Menthe poivrée* *Ravintsara* *Souci*	Local

TROUBLES DE L'APPAREIL DIGESTIF

PATHOLOGIES	HUILES ESSENTIELLES	MODE D'UTILISATION
BALLONNEMENTS INTESTINAUX	*Cumin* *Menthe poivrée* *Cardamome*	Local et oral
GASTRITE	*Genévrier commun* *Coriandre doux* *Fenouil doux*	Local et oral
COLIQUE HÉPATIQUE	*Genévrier commun* *Hélichryse verte* *Basilic*	Local et oral
COLIQUE INTESTINALE	*Aneth odorant* *Menthe poivrée* *Estragon*	Local et oral
COLIQUE SPASMODIQUE	*Anis vert* *Cajeputier* *Lavande officinale*	Local et oral
CONSTIPATION	*Sauge officinale* *Thym* *Genévrier commun*	Local et oral
CRAMPES D'ESTOMAC	*Lavande officinale* *Cajeputier* *Cannelier de Ceylan*	Local et oral
DIARRHÉE	*Sarriette* *Cannelier de Ceylan* *Muscadier*	Local
DIGESTION DIFFICILE TROUBLES HÉPATOBILIAIRES	*Coriandre doux* *Genévrier commun* *Mandarinier*	Local et oral

DOULEURS GASTRO-INTESTINALES	*Basilic* *Cumin* *Gaultherie*	Local et oral
FAIBLESSE HÉPATIQUE	*Solidage du Canada* *Vétiver* *Hélichryse verte*	Local et oral
HOQUET	*Estragon*	Oral
MAUVAISE HALEINE	*Estragon* *Laurier d'Apollon* *Carvi*	Local et oral
MÉTÉORISME	*Cumin* *Menthe poivrée* *Cardamome*	Oral
MYCOSES DES VOIES DIGESTIVES	*Cumin* *Menthe poivrée* *Cardamome*	Local et oral
NAUSÉES	*Menthe poivrée* *Citron jaune* *Mandarinier*	Local et oral

Troubles du comportement

PATHOLOGIES	HUILES ESSENTIELLES	MODE D'UTILISATION
ANGOISSE	*Iris* *Oranger amer* *Cataire*	Local et oral
ANXIÉTÉ INQUIÉTUDE TRAC	*Ériocéphalée* *Davana* *Mélisse officinale*	Local et oral
APPRÉHENSION	*Ériocéphalée* *Mandarinier* *Cumin*	Local et oral
COLÈRE	*Ériocéphalée* *Valériane officinale* *Lavande officinale*	Local et oral
CRISE DE NERFS	*Lavande officinale* *Mélisse officinale* *Menthe verte*	Local et oral
CRISE DE PANIQUE	*Lavande officinale* *Iris* *Mélisse officinale*	Local et oral
DÉPRESSION NERVEUSE	*Laurier d'Apollon* *Matricaire* *Romarin*	Local et oral
EXCITATION	*Camomille romaine* *Basilic* *Lavande officinale*	Oral
INSOMNIE	*Valériane officinale* *Mélisse officinale* *Mandarinier*	Local et oral
NERVOSITÉ	*Lavande officinale* *Mandarinier* *Bergamotier*	Local et oral

STRESS	*Camomille romaine* *Basilic* *Tanaisie*	Local et oral
TABAGISME	*Sassafras* *Ériocéphalée* *Menthe verte*	Local et oral
TIMIDITÉ	*Menthe poivrée* *Menthe verte* *Ylang-ylang*	Local et oral
TRISTESSE	*Mandarinier*	Local et oral

Trousse familiale et de voyage

Un problème est malheureusement vite arrivé et ne survient jamais au bon moment. Il est d'ailleurs fréquent que l'incident arrive, comme par hasard, lorsque le médecin n'est plus joignable, et que la pharmacie est fermée. Que dire lorsqu'il s'agit d'une fin de semaine ou d'un jour férié ?

Pour pallier temporairement ce contretemps, mieux vaut être prévoyant. Il est donc judicieux d'avoir toujours en réserve dans la pharmacie familiale quelques huiles essentielles de référence pour traiter les affections les plus courantes, en attendant de consulter le médecin traitant.

Il est bien entendu souhaitable que les huiles essentielles choisies cumulent au mieux les propriétés les plus utiles dans l'urgence. Aux sept retenues et proposées ci-après, il vous est bien entendu permis d'y ajouter votre touche personnelle. La douleur et l'inflammation sont, en général, les affections les plus ressenties comme des urgences.

Une propriété anti-infectieuse large est donc un plus, non seulement à titre curatif en cas d'infection, mais aussi et surtout, à titre préventif.

Les principales huiles essentielles que l'on peut retenir dans ce but sont :

La **MENTHE POIVRÉE** pour ses propriétés antibactérienne, antivirale, antimycosique, anti-inflammatoire, antalgique et antispasmodique.

La **LAVANDE ASPIC** pour ses propriétés antibactérienne, antivirale, antimycosique, anti-inflammatoire, antalgique (notamment dentaire) et cicatrisante.

Le **NIAOULI** pour ses propriétés antibactérienne, antivirale, antimycosique, antiparasitaire, anti-inflammatoire, antispasmodique, antalgique et cicatrisante.

Le **GIROFLIER** pour ses propriétés antibactérienne, antivirale, antimycosique, antiparasitaire, anti-inflammatoire, antispasmodique, antalgique et cicatrisante.

Le **ROMARIN** pour ses propriétés antibactérienne, antimycosique, antiparasitaire (voie cutanée), anti-inflammatoire, antispasmodique, antalgique et cicatrisante.

La **SARRIETTE** pour ses propriétés antibactérienne, antivirale, antimycosique et antalgique (voie cutanée).

Le **THYM** pour ses propriétés antibactérienne, antivirale, antimycosique, antalgique (voie cutanée) et antispasmodique.

Vous pouvez vous référer au répertoire des huiles essentielles afin de connaître l'ensemble des propriétés de chacune et vous prendrez soin d'avoir à portée de main une huile première pression à froid, comme l'huile d'olive ou l'huile de tournesol, pour une utilisation soit locale, soit par voie interne, en gardant à l'esprit que les huiles essentielles ne doivent pas être utilisées pures.

Les huiles essentielles : origines, propriétés...

Il faut savoir que la liste des huiles essentielles que vous allez consulter n'a pas la prétention d'être exhaustive. Vous aurez aussi très probablement la surprise de ne pas pouvoir vous procurer telle ou telle huile, car les aléas des législations française et européenne font que certaines d'entre elles ont été retirées du marché pour diverses raisons, dont la plus légitime est qu'une réelle toxicité est possible à court, moyen ou long terme, surtout lorsque leur mode d'utilisation n'est pas respecté !

Vous devez donc toujours garder à l'esprit que l'automédication ne doit pas être la règle s'il y a le moindre doute sur les symptômes qui vous préoccupent. Vous prendrez également toujours soin de vous informer sur les particularités et mises en garde de l'huile essentielle choisie, en sachant que des effets non décrits peuvent toujours survenir, y compris pour celles réputées inoffensives.

Enfin, il est toujours utile d'insister une fois de plus sur la notion, primordiale, de qualité. Les propriétés thérapeutiques d'une huile essentielle sont directement liées à son extrême pureté, et dépendent donc du mode de culture et de la qualité de son extraction. Beaucoup trop d'huiles essentielles vendues sur le marché n'ont pas la qualité requise pour un usage médical. Un cahier des charges pour chaque huile essentielle mise en vente doit préciser le lieu et le mode de culture, les modalités d'extraction et le profil chromatographique qui permet d'identifier formellement l'espèce botanique d'origine ainsi que ses spécificités biochimiques. Il faudra donc se méfier des huiles essentielles trop bon marché pour être vraies et dont les origines sont impossibles à déterminer. Le meilleur fournisseur et conseiller en la matière reste le pharmacien ou le commerçant pour lequel la phytothérapie en général et l'aromathérapie en particulier sont des domaines de prédilection. Il reste la possibilité, de plus en plus répandue, de se fournir en essences par la voie d'Internet. Le choix extraordinaire proposé par les très nombreux fournisseurs doit vous pousser à vous poser des questions quant au sérieux et à la qualité des huiles essentielles proposées par l'entreprise de vente par correspondance. En effet, en cas de problème il vous sera toujours difficile, pour ne pas dire impossible, de porter une réclamation contre un fournisseur indélicat, si sa localisation se situe hors du territoire français ou européen. Ces mises en garde étant faites, l'aromathérapie reste un moyen sûr, et exceptionnel, pour soulager la plupart des maux de tous les jours et retrouver ainsi la santé. Il est cependant évident que les huiles essentielles ne suffiront pas si la qualité de l'hygiène de vie ne suit pas. Une alimentation saine et équilibrée, de l'exercice physique régulier et adapté, ainsi qu'un temps de sommeil respecté, restent le trio incontournable pour durer.

CHOIX DU MODE DE CLASSEMENT DES PROPRIÉTÉS DE CHAQUE HUILE ESSENTIELLE

Sans prétendre à trop de rigueur, compte tenu de la diversité des actions que peut présenter le plus grand nombre des huiles essentielles évoquées, et afin de faciliter la lecture des actions propres à chacune, sont généralement citées en premier, dans la mesure où elles existent, les propriétés anti-infectieuses et anti-parasitaires, suivies, dans l'ordre, de leurs actions possibles sur les sphères ORL et broncho-pulmonaires, digestives, uro-génitales et neuromusculaires, ainsi que certaines fonctions telles que les phénomènes inflammatoires, la cicatrisation, l'allaitement ou les fonctions endocriniennes.

ABSINTHE (À THUJONE)

Artemisia absinthium, var. *thujonifera*

Famille : astéracées
Noms anglais : Wormwood, Sagebrush, Mugwort, Sagewort, Absinth
Origine : Europe
Partie utilisée : sommités fleuries
Particularité : vente directe interdite au public
Propriétés : – antiparasitaire intestinale puissante
– tonique digestif
– favorise les règles
Mode d'utilisation : principalement interne
Mise en garde : toxique pour les nerfs et pouvoir abortif en usage prolongé, elle est contre-indiquée chez l'enfant et la femme enceinte.

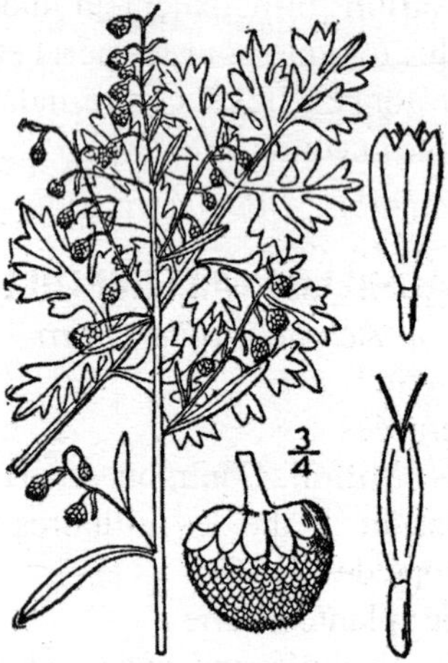

Absinthe (à thujone)

ABSINTHE AFRICAINE

Artemisia afra

Famille : astéracées
Autre nom latin : *artemisia cetonifera*
Noms anglais : African wormwood, Umhlonyane (Xhosa, Zulu)
Autre appellation : lanyana
Origine : Afrique du Sud
Partie utilisée : herbes fleuries
Particularité : vente directe interdite au public
Propriétés :
- antiparasitaire intestinale puissante
- antibactérienne
- expectorante et décongestionnante pulmonaire puissante
- stimule l'appétit
- modérément antimigraineuse

Mode d'utilisation : principalement interne
Mise en garde : toxique pour les nerfs et pouvoir abortif en usage prolongé, elle est contre-indiquée chez l'enfant et la femme enceinte.

ACHILLÉE MILLEFEUILLE

Achillea millefolium

Famille : astéracées
Noms anglais : Milfoil, Common yarrow
Autre appellation : herbe des militaires
Origine : Europe de l'Est
Partie utilisée : plante fleurie
Particularités : l'achillée musquée *(achillea moschata)*, ainsi que l'achillée de Ligurie *(achillea ligusta)* présen-

tent les mêmes propriétés. Elle est utilisée pour parfumer certaines boissons alcoolisées.

Propriétés : – aide à la digestion
- puissante activité anti-inflammatoire
- action cicatrisante et adoucissante pour la peau
- atténue les règles abondantes
- soulage efficacement les douleurs neurologiques
- modère la tension artérielle
- favorise les règles

Mode d'utilisation : interne et externe

Mise en garde : toxique pour les nerfs et pouvoir abortif en usage prolongé, elle est contre-indiquée chez l'enfant et la femme enceinte.

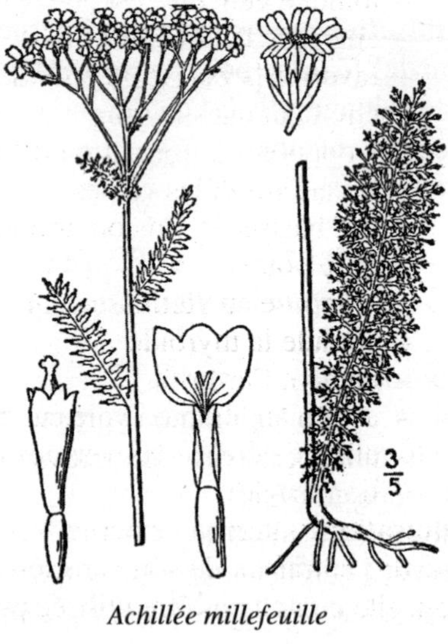

Achillée millefeuille

AIL

Allium sativum

Famille : liliacées
Nom anglais : Garlic
Origine : pourtour méditerranéen, Chine, Japon
Partie utilisée : bulbe
Propriétés :
- antiseptique intestinale et pulmonaire
- pouvoirs antibiotiques et antiviraux
- antiparasitaire intestinale
- stimule l'appétit
- tonique digestif
- facilite l'élimination des gaz (mais peut en provoquer en cas d'intolérance digestive)
- bonne action diurétique
- antispasmodique
- tonique général
- améliore la circulation
- favorise la baisse du taux de cholestérol circulant dans le sang
- s'oppose à la formation de caillots dans les artères et les veines
- fait baisser la tension artérielle et ralentit le pouls
- s'oppose au vieillissement
- stimule la thyroïde
- combat l'arthrite
- action antalgique (voie cutanée)
- efficace contre les verrues (en application locale)

Mode d'utilisation : interne et externe
Mise en garde : en raison de son caractère très irritant pour la peau, elle ne doit pas être utilisée pure.

Ail

AJOWAN

Carum copticum

Famille : opiacées
Autres noms latins : *trachyspermum ammi, ammi copticum*
Noms anglais : Ajowan caraway, Carum ajowan, Thyme oil white, Ajwain
Origine : Inde
Partie utilisée : semences (fruits en pleine maturité)

Propriétés : – anti-infectieuse, antiseptique, antibactérienne, antivirale, antimycosique et antiparasitaire puissante
– antinauséeuse
– facilite l'élimination des gaz
– tonique général
– aphrodisiaque

Mode d'utilisation : interne et externe (avec précaution)

Mise en garde : agressive pour la peau et les muqueuses

AMANDIER AMER

Prunus amygdalus, var. *amara*

Famille : rosacées

Nom anglais : Bitter almond

Origine : Asie de l'Ouest et Afrique du Nord

Partie utilisée : amandes

Propriétés : – anesthésique
– narcotique
– antispasmodique
– vermifuge
– antalgique musculaire

Mode d'utilisation : principalement externe

Mise en garde : l'huile essentielle est extrêmement toxique en raison de la présence de 5 % d'acide prussique, véritable poison. Elle peut être modifiée pour servir d'exhausteur de goût. Cependant, en raison de sa très grande toxicité (7,5 ml peut entraîner la mort chez l'adulte), son usage à visée thérapeutique est à proscrire.

AMANDIER DOUX

Prunus amygdalus, var. *dulcis*

Famille : rosacées
Nom anglais : Sweet almond
Origine : pourtour méditerranéen
Partie utilisée : amandes
Particularité : à l'inverse de l'huile essentielle, l'huile végétale est dépourvue de toxicité et peut être utilisée pour l'entretien de la peau.
Propriétés :
- laxative
- tonique général
- diurétique
- antiépileptique
- antispasmodique intestinale
- utilisée en cosmétologie
- agent de sapidité
- aurait des propriétés anticancéreuses

Mode d'utilisation : principalement externe (avec précaution)
Mise en garde : comme pour l'amandier amer, l'utilisation de cette huile essentielle doit être très prudente en raison de la présence d'acide prussique qui est un véritable poison.

Amandier doux

AMBRETTE

Hibiscus abelmoschus

Famille : malvacées
Autre nom latin : *abelmoschus moschatus*
Noms anglais : Ambrette, Musk okra, Musk mallow, Sunset hibiscus, Marshmallow
Origine : Inde, Asie du Sud-Est, nord de l'Australie
Parties utilisées : graines, racines
Propriétés :
- expectorante
- tonique digestif
- stimule la sécrétion gastrique
- facilite l'élimination des gaz
- antidiarrhéique
- diurétique
- antispasmodique
- tonique cardiaque
- aphrodisiaque
- déodorante
- utilisée comme remède contre les morsures de serpent
- action hormonale en cours d'étude

Mode d'utilisation : interne et externe
Mise en garde : toujours à utiliser avec précaution et sur une courte période. Demander conseil à un médecin en cas de réactions inattendues.

AMMI

Ammi visnaga

Famille : opiacées
Autre nom latin : *visnaga daucoides*

Nom anglais : Toothpickweed
Autre appellation : Khella
Origine : Maroc
Partie utilisée : semences immatures
Propriété : antispasmodique
Mode d'utilisation : interne, exceptionnellement externe
Mise en garde : risque de réaction cutanée en cas d'application sur une peau exposée au soleil.

ANETH ODORANT

Anethum graveolens

Famille : opiacées
Nom anglais : Dill
Origine : Orient, Asie Mineure
Partie utilisée : plante entière avec ses jeunes fruits
Particularités : l'huile essentielle d'aneth obtenue exclusivement à partir des semences, d'action plus forte, doit être réservée à l'adulte. La variété *anethum sowa* (aneth des Indes) présente une action expectorante puissante et des propriétés toniques et stimulantes.
Propriétés :
- décongestionne les poumons
- stimule les fonctions du foie et du pancréas
- tonique digestif
- facilite l'élimination des gaz
- facilite le drainage général
- diurétique
- anti-inflammatoire rénale
- antispasmodique
- favorise les règles
- calme les ardeurs sexuelles

– aide à l'allaitement
– apporte un sommeil serein
– tonique général et antidépresseur
– action anticoagulante modérée

Mode d'utilisation : interne et externe

Mise en garde : toxique pour les nerfs et pouvoir abortif en usage prolongé, elle est contre-indiquée chez l'enfant et la femme enceinte.

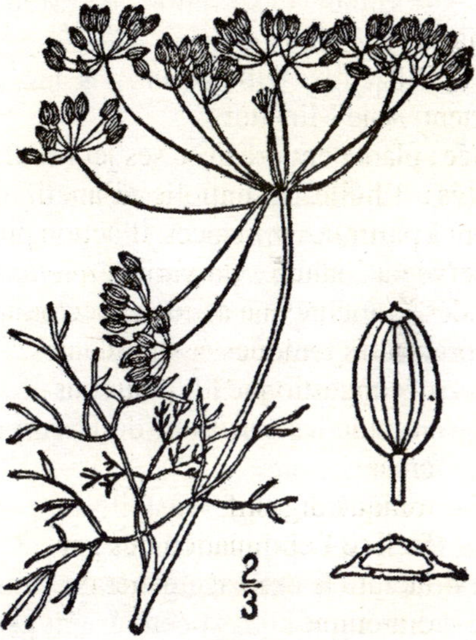

Aneth odorant

ANGÉLIQUE ARCHANGÉLIQUE

Angelica archangelica

Famille : opiacées
Nom anglais : Angelica
Origine : France, Europe
Parties utilisées : racine séchée (1), semences (2)
Particularités : l'huile essentielle tirée des racines est utilisée de préférence en parfumerie. La variété sauvage *angelica sylvestris* n'est plus distillée.
Propriétés :
- stimule l'immunité
- stimule l'appétit
- stimule la sécrétion de l'estomac et facilite la digestion
- facilite l'élimination des gaz, à dose élevée
- diurétique
- favorise la transpiration
- antiasthénique
- calmante, à dose modérée
- anticoagulante puissante (1)

Mode d'utilisation : interne et externe
Mise en garde : toxique pour les nerfs et pouvoir abortif en usage prolongé, elle est contre-indiquée chez l'enfant et la femme enceinte.
Se méfier de son effet photosensibilisant pour la peau exposée au soleil (surtout avec l'huile tirée des racines).
En raison de l'action anticoagulante de l'huile essentielle tirée des racines, elle est contre-indiquée chez les personnes sujettes aux saignements.

Angélique archangélique

ANGÉLIQUE GLAUQUE

Angelica glauca

Famille : opiacées
Nom anglais : Angelica
Origine : France, Europe
Partie utilisée : racine séchée
Propriétés : – tonique digestif
– favorise la baisse du taux de cholestérol circulant dans le sang
– action anti-inflammatoire modérée
Mode d'utilisation : interne et externe
Mise en garde : toujours à utiliser avec précaution et sur une courte période. Demander conseil à un médecin en cas de réactions inattendues.

ANGOSTURE

Cusparia trifoliata

Famille : rutacées
Noms anglais : True angostura, Cusparia bark
Origine : Amérique du Sud (Venezuela)
Partie utilisée : écorce
Propriétés :
- aurait une action antipaludéenne
- tonique digestif
- fait baisser la fièvre
- décongestionnante veineuse et lymphatique

Mode d'utilisation : interne et externe
Mise en garde : toujours à utiliser avec précaution et sur une courte période. Demander conseil à un médecin en cas de réactions inattendues.

ANIS VERT

Pimpinella anisum

Famille : opiacées
Noms anglais : Anise, Sweet-cumin, Anise burnet saxifrage
Origine : Balkans, Égypte, Afrique du Nord, Espagne
Partie utilisée : semences
Propriétés :
- antiseptique, antibactérienne et antiparasitaire
- stimule l'appétit
- tonique digestif
- améliore la fonction biliaire
- facilite l'élimination des gaz
- diurétique

- antispasmodique
- rôle analgésique, antalgique et légèrement stupéfiant
- tonique et stimulante à faible dose
- favorise les règles
- aphrodisiaque
- facilite l'allaitement

Mode d'utilisation: interne (réservée au médecin) et externe

Mise en garde: attention à son pouvoir narcotique à haute dose, ainsi qu'aux possibles réactions allergiques. Elle est contre-indiquée chez l'enfant et la femme enceinte.

Anis vert

AQUILARIA

Aquilaria agallocha

Famille: thymélacées
Nom anglais: Aquilaria
Origine: Chine
Parties utilisées: bois, résine, racine

Propriétés : – antibactérienne
– action antispasmodique
– stimulante générale
– aphrodisiaque
– tonique cérébral
– facilite l'élimination des gaz
– antidiarrhéique
– décongestionnante veineuse et lymphatique puissante
– aurait des propriétés antitumorales
– aurait une action contre le paludisme, notamment en éloignant les insectes.

Mode d'utilisation : interne et externe

Mise en garde : toujours à utiliser avec précaution et sur une courte période. Demander conseil à un médecin en cas de réactions inattendues.

ARMOISE ANNUELLE

Artemisia annua

Famille : astéracées

Noms anglais : Sweet sagewort, Sweet annie, Annual wormwood oil

Origine : Chine

Partie utilisée : herbe fleurie

Propriétés : – antiparasitaire intestinal puissant
– action fluidifiante puissante sur les sécrétions
– action cicatrisante cutanée
– aurait des propriétés antitumorales

Mode d'utilisation : interne et externe

Mise en garde : pouvoirs neurotoxiques et abortifs

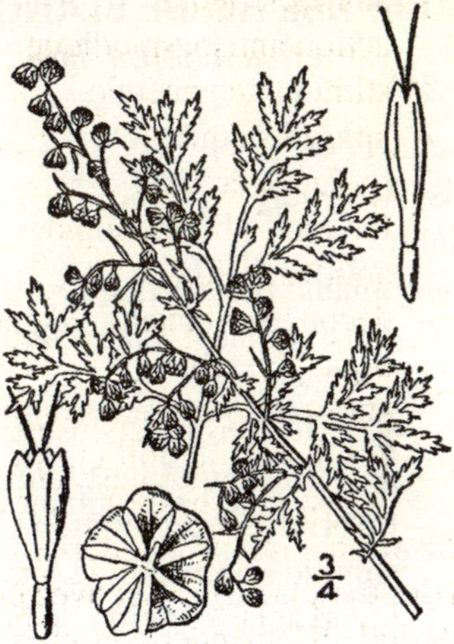

Armoise annuelle

ARMOISE ARBORESCENTE

Artemisia arborescens

Famille : astéracées
Noms anglais : Great mugwort, Arborescent mugwort, Artemisia
Origine : Pacifique (Nord-Ouest), Maroc
Parties utilisées : feuilles, herbe fleurie
Propriétés : – antiparasitaire intestinale
– favorise l'expectoration
– favorise la sécrétion hépatique et biliaire
– action anti-inflammatoire puissante
– antiallergique puissante
Mode d'utilisation : interne et externe
Mise en garde : pouvoirs neurotoxiques et abortifs

ARMOISE HERBE BLANCHE

Artemisia herba alba

Famille : astéracées
Nom anglais : Mugwort
Origine : Maroc
Partie utilisée : plante fraîche fleurie
Particularité : deux variétés : *thujonifera* (1) et *davanonifera* (2)
Propriétés :
- activité anti-infectieuse et antivirale
- antiparasitaire intestinale
- favorise l'expectoration (1) (2)
- stimule l'appétit et la digestion
- favorise la sécrétion de bile
- bonne action sur le drainage des graisses cutanées
- favorise les règles et régule les cycles
- calme les douleurs de règles
- action antispasmodique
- combat la fièvre
- rôle antalgique sur les tumeurs mammaires malignes
- aurait une action antitumorale (2)

Mode d'utilisation : exclusivement externe
Mise en garde : en raison de sa toxicité neurologique, de son pouvoir abortif et de son action hémorragique, son usage par voie interne est à proscrire. L'enfant et la femme enceinte ne doivent pas l'utiliser.

ASA-FÉTIDE

Ferula assa-foetida

Famille : opiacées
Autre nom latin : *ferula foetida*
Nom anglais : Asafetida
Autre appellation : fenouil géant
Origine : Asie du Sud-Est
Partie utilisée : gomme résine
Propriétés :
- favorise la fonction hépatique de manière modérée
- aide à l'expectoration de manière modérée
- action antispasmodique
- action calmante et anticonvulsivante
- favoriserait la baisse de la tension artérielle

Mode d'utilisation : interne et externe
Mise en garde : toujours à utiliser avec précaution et sur une courte période. Demander conseil à un médecin en cas de réactions inattendues.

AUNÉE

Inula helenium

Famille : astéracées
Noms anglais : Elecampane inula, Yellow starwort
Origine : Balkans
Partie utilisée : racines
Propriétés :
- anti-infectieuse, antibactérienne, antifongique et antiparasitaire puissante

– action bienfaisante sur les bronches par son pouvoir expectorant
– améliore le fonctionnement de la vésicule biliaire
– action positive sur le système cardiovasculaire et la fonction rénale

Mode d'utilisation : interne et externe avec précaution

Mise en garde : réputée pour provoquer des réactions très violentes d'ordre allergique en usage externe. Son usage par voie interne à de trop fortes doses s'avère neurotoxique. Ses propriétés d'ordre hormonal la réservent à la prescription médicale.

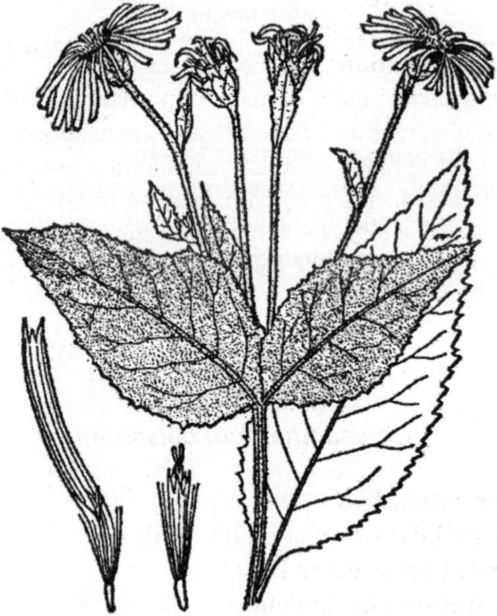

Aunée

BADIANE

Illicium verum

Famille : magnoliacées
Noms anglais : Star anise, Staranise tree Autre appellation : anis étoilé
Origine : Chine
Partie utilisée : fruits (séchés)
Propriétés : – antiseptique
– favorise l'expectoration
– tonique digestif
– action fortement antispasmodique
– tonique et stimulante de manière modérée
– régularise les règles

Mode d'utilisation : interne et externe
Mise en garde : étant donné son pouvoir narcotique et sa toxicité cérébrale à fortes doses, son usage est déconseillé. Une variété provenant du Japon s'avère être un violent poison. De plus, son activité œstrogénique la contre-indique chez les femmes enceintes et celles présentant des kystes au niveau des seins, ainsi que pour les enfants.

BALSAMITE

Chrysanthemum balsamita

Famille : astéracées
Noms anglais : Costmary mint, Bible leaf
Origine : Europe du Sud
Partie utilisée : herbe fleurie
Propriétés : – expectorante puissante

– stimule efficacement la fonction hépatique
– tonique digestif

Mode d'utilisation : interne et externe
Mise en garde : pouvoirs neurotoxiques et abortifs

BASILIC

Ocimum basilicum, var. *basilicum*

Famille : lamiacées
Autres appellations : herbe royale, pistou (Provence), oranger des savetiers, basilic exotique
Nom anglais : Sweet Basil
Origine : Inde, Chine
Partie utilisée : plante entière
Propriétés : – antivirale puissante, par voie interne
– anti-infectieuse générale
– antibactérienne
– antiseptique intestinale
– tonique digestif
– décongestionnante hépatique et biliaire
– antispasmodique puissante aux niveaux gastrique et intestinal
– décontractante, sédative, calmante
– traite l'insomnie des sujets surmenés, fixés sans répit sur leurs soucis, ainsi que les troubles du sommeil liés à des problèmes digestifs
– tonique cérébral
– décongestionnante veineuse et prostatique
– anti-inflammatoire rhumatismale et artérielle, par voie interne

– stimulante surrénalienne

Mode d'utilisation : interne (par voie buccale), externe (uniquement comme parfum)

Mise en garde : hypnotique à dose élevée

BAUME DE TOLU

Myroxylon balsamum

Famille : papilionacées

Noms anglais : Balsamo, Balsam of Tolu

Origine : Amérique centrale, Amérique du Sud

Partie utilisée : résine

Propriétés :
- antiseptique puissante, notamment pulmonaire et urogénitale
- expectorante puissante
- anti-inflammatoire, notamment pulmonaire et urogénitale

Mode d'utilisation : interne et externe

Mise en garde : éviter l'usage externe prolongé

BAUME DU PÉROU

Myroxylon balsamum, var. *pereirae*

Famille : papilionacées

Autres noms latins : *toluifera pereira, myrosperum pereira*

Nom anglais : Peru balsam

Origine : Amérique centrale, Amérique du Sud

Partie utilisée : résine

Propriétés :
- antiseptique puissante, notamment pulmonaire et urogénitale
- antibactérienne et antivirale

– antiparasitaire cutanée
– expectorante puissante
– cicatrisante
– action efficace contre les démangeaisons

Mode d'utilisation : interne et externe, avec précaution
Mise en garde : éviter l'usage prolongé car irritante par voie interne, et dermite de contact en usage externe prolongé.

BAY

Pimenta dioica (1), *Pimenta racemosa* (2)

Famille : myrtacées
Autres noms latins : *pimenta officinalis*, *pimenta pimenta* (pour *pimenta dioica*), *pimenta acris* (pour *pimenta racemosa*)
Noms anglais : Bay leaves, Allspice (pour *pimenta dioica*), Bayrumtree (pour *pimenta racemosa*)
Origine : Brésil, Caraïbes, Amérique centrale
Parties utilisées : rameaux (1), baies (2)
Propriétés :
– antiseptique
– antibactérienne puissante
– antivirale puissante
– antimycosique et antiparasitaire
– antispasmodique (2)
– action efficace contre la douleur (notamment contre les douleurs dentaires)
– action chauffante sur le muscle
– stimulante générale
– effet légèrement aphrodisiaque
– action positive sur la thyroïde
– action cicatrisante cutanée

– serait efficace sur la repousse des cheveux (2)

Mode d'utilisation : interne et externe

Mise en garde : très irritante pour la peau, elle peut provoquer des brûlures au niveau des muqueuses. Elle doit être largement diluée.

BENJOIN

Styrax benzoe

Famille : styracacées

Autre nom latin : *styrax benjoin*

Noms anglais : Siam benzoin, Gum benjamin, Sumatra benzoin, Palembang benzoin

Autre appellation : *styrax paralleloneurus* (Perkins)

Origine : Asie du Sud-Est, Sumatra

Partie utilisée : résine

Particularité : utilisé en externe comme parfum

Propriétés :
- antiseptique pulmonaire
- favorise l'expectoration
- stimulante générale et euphorique
- anti-inflammatoire à tropisme pulmonaire et articulaire
- action cicatrisante cutanée puissante

Mode d'utilisation : interne et externe

Mise en garde : ne pas confondre avec le *styrax*, ou *liquidambar orientalis*, de la famille des hamamélidacées.

BERGAMOTIER

Citrus bergamia

Famille : rutacées
Autre nom latin : *citrus aurantium*, var. *bergamia*
Nom anglais : Bergamot orange
Origine : Italie, Côte-d'Ivoire, Guinée
Partie utilisée : zestes expressés
Propriétés :
- antiseptique, anti-infectieuse et antibactérienne
- facilite les sécrétions gastriques
- antispasmodique
- action sédative et calmante puissante, elle s'avère tonique et stimulante à faible dose

Mode d'utilisation : interne et externe avec précaution
Mise en garde : action photosensibilisante en usage externe pour les peaux exposées au soleil.

BOIS DE ROSE

Aniba rosaeodora

Famille : lauracées
Autre nom latin : *aniba parviflora*
Nom anglais : Rosewood
Origine : Amazonie, Guyane
Partie utilisée : bois
Propriétés :
- antivirale, antibactérienne et antimycosique puissante
- action antiparasitaire
- anti-infectieuse prédominante sur la sphère ORL et broncho-pulmonaire

- décongestionnante du système lymphatique et ganglionnaire, par son action anti-inflammatoire
- tonique musculaire
- anti-inflammatoire cutanée, elle calme les piqûres d'insectes
- revitalise la peau

Mode d'utilisation : externe et interne
Mise en garde : toujours à utiliser avec précaution et sur une courte période. Demander conseil à un médecin en cas de réactions inattendues.

BOIS DE SIAM

Fokienia hodginsii

Famille : cupressacées
Nom anglais : Siam wood
Autre appellation : pémou
Origine : Chine, Vietnam
Parties utilisées : écorce, bois
Propriétés :
- neurotonique
- propriétés hormonales
- stimulante sexuelle chez l'homme

Mode d'utilisation : interne et externe
Mise en garde : contre-indiquée chez la femme

BOLDO

Peumus boldus

Famille : monimiacées
Noms anglais : Boldus leaf, Boldo leaf
Origine : Amérique du Sud

Partie utilisée : feuilles

Propriétés : – anti-infectieuse, antibactérienne et antiparasitaire
– fortement antimycosique
– stimule le drainage du foie et des intestins

Mode d'utilisation : interne et externe

Mise en garde : pouvoirs neurotoxiques et abortifs. Contre-indiquée chez l'enfant et la femme enceinte.

BORNÉOL

Dryobalanops aromatica

Famille : diptérocarpacées
Autre nom latin : *dryobalanops camphora*
Autre appellation : camphre de Bornéo
Noms anglais : Borneo camphorwood, Kapur, Keladan
Origine : Bornéo, Sumatra
Partie utilisée : écorce (arbre âgé)
Particularité : l'huile essentielle doit être mise en vente après rectification car il faut séparer les camphres jaune et brun, particulièrement toxiques et cancérigènes, du camphre blanc, utilisable après élimination du safrol, molécule elle aussi toxique.

Propriétés : – action fortement antiseptique et antivirale
– stimulante immunitaire
– tonique général
– fortifie le cœur
– stimule la fonction des glandes surrénales
– antiallergique

Mode d'utilisation : principalement externe (cutanée) et interne

Mise en garde : à ne pas confondre avec le camphre *(cinnamomum camphora)* qui présente une toxicité réelle et doit être évité.

BOULEAU
Betula alba

Famille : bétulacées

Autres noms latins : *betula odorata, betula pendula, betula pubescens*

Noms anglais : Birch bud, Downy birch

Origine : Scandinavie, Sibérie, États-Unis

Parties utilisées : bourgeons et écorce

Particularité : la variété *betula alleghaniensis* (bouleau jaune) présente les mêmes propriétés.

Propriétés :
- anti-infectieuse et antimicrobienne
- stimule légèrement la fonction hépatique
- action diurétique puissante
- facilite le drainage général de l'organisme
- antispasmodique puissante
- anti-inflammatoire et cicatrisante
- antalgique et antinévralgique, notamment articulaire et musculaire

Mode d'utilisation : interne et externe (cutanée)

Mise en garde : la variété *betula lenta*, en raison de sa très forte concentration en salicylate de méthyle, est à éviter.

Bouleau

BUCHU
Agathosma betulina

Famille : rutacées
Autre nom latin : *barosma betulina (Bartl. Et Weid)*
Noms anglais : Round buchu, bucco, bookoo, bucku
Autre appellation : bucco
Origine : Afrique du Sud
Partie utilisée : feuilles
Particularités : plutôt utilisée comme parfum. La variété *agathosma crenulata* présente les mêmes propriétés avec une action plus hépatique que rénale.
Propriétés : – expectorante puissante à dose élevée

– stimule et facilite la sécrétion gastrique à faible dose
– diurétique
– anti-inflammatoire

Mode d'utilisation : interne et externe

Mise en garde : contre-indiquée chez l'enfant et la femme enceinte en raison de ses propriétés neurotoxique et abortive à forte dose.

BUPLÈVRE (DES HAIES)

Bupleurum arborescens

Famille : opiacées
Autre nom latin : *bupleurum fructicosum*
Noms anglais : Bupleure, Thoroughwax, Hare's ear, Thorowax
Origine : Inde, Pakistan, France
Partie utilisée : plante fructifiée
Propriétés : – antimicrobienne
– anti-inflammatoire
– facilite le drainage hépatique
– tonique digestif
– détoxifiante
– aurait une action de régulation sur les cycles des règles

Mode d'utilisation : interne et externe

Mise en garde : toujours à utiliser avec précaution et sur une courte période. Demander conseil à un médecin en cas de réactions inattendues.

Buplèvre (des haies)

CABREUVA

Myrocarpus fastigiatus

Famille : césalpinacées
Nom anglais : Cabreuva wood
Origine : Amérique du Sud
Partie utilisée : bois
Propriétés : – aphrodisiaque
– action hormonale sur les axes génitaux et surrénaliens
Mode d'utilisation : interne et externe
Mise en garde : du fait de son action hormonale favorable à l'homme, son utilisation est contre-indiquée chez la femme.

CADIER
Juniperus oxycedrus

Famille : cupressacées
Noms anglais : Cade oil, Juniper tar oil
Origine : France
Partie utilisée : bois
Propriété : utilisée pour les soins de la peau et du cuir chevelu (pellicules)
Mode d'utilisation : exclusivement externe
Mise en garde : risque de réaction allergique avec le temps

CAJEPUTIER
Melaleuca cajuputii

Famille : myrtacées
Nom anglais : Cajeput
Origine : Vietnam, Malaisie, Java, Moluques
Partie utilisée : rameaux (feuilles et bourgeons)
Particularité : la variété *melaleuca linariifolia* (mélaleuque à feuilles linéaires), mis à part le retour veineux, présente les mêmes propriétés, complétées par une action contre le vieillissement (sclérose).
Propriétés :
- antiseptique et anti-infectieuse puissante
- antivirale reconnue
- antiparasitaire intestinale
- favorise l'expectoration et le mouchage par son action fluidifiante sur les sécrétions
- stimule la fonction hépatique
- antispasmodique

- antinévralgique
- améliore efficacement la circulation veineuse
- soulage les douleurs dentaires, auriculaires et rhumatismales (voie externe)
- favorise la transpiration
- combat la fièvre
- action anti-inflammatoire
- protège la peau des effets du soleil
- effet positif sur les dysplasies du col utérin
- éloigne les insectes
- aurait une action hormonale (à confirmer)

Mode d'utilisation : interne et externe
Mise en garde : prudence chez la femme enceinte

CALAMENT NÉPÉTA

Calamintha nepeta

Famille : lamiacées
Noms anglais : Lesser calamint, Nepitella
Autres appellations : petit calament de montagne, fausse marjolaine, pouliot sauvage
Origine : Europe du Sud, région méditerranéenne
Partie utilisée : sommités fleuries
Propriétés :
- anti-infectieuse et antimycosique
- favorise la digestion par la stimulation des fonctions hépatiques
- tonique stimulant
- tonique respiratoire et nerveux à faible dose
- action modératrice sur la thyroïde

Mode d'utilisation : interne et externe
Mise en garde : très neurotoxique et abortive

Calament népéta

CALAMENT SYLVESTRE

Calamintha sylvatica

Famille : lamiacées
Noms anglais : Woodland calamint, Basil Thyme, Mountain balm, Mountain mint, Mill mountain, Calamint
Autres appellations : calament ou officinal de montagne
Origine : Europe
Partie utilisée : sommités fleuries
Particularité : propriétés proches de celles de *calament népéta*, mais avec des effets plus doux

Propriétés : – anti-infectieuse et antimycosique
– expectorante puissante
– favorise la digestion par la stimulation des fonctions hépatiques
– tonique physique et cérébral à faible dose

Mode d'utilisation : interne et externe
Mise en garde : très neurotoxique et abortive

CALAMUS

Acorus calamus

Famille : aracées
Nom anglais : Calamus
Autres appellations : roseau odorant, acore vrai
Origine : Hongrie
Partie utilisée : rhizomes
Propriétés : – favorise les sécrétions gastriques et la fonction de la vésicule biliaire
– expectorante
– antispasmodique et relaxante puissante
– anti-inflammatoire puissante pour les sphères digestives et rénales

Mode d'utilisation : interne et externe
Mise en garde : ses effets neurotoxiques et abortifs la contre-indiquent chez l'enfant et la femme enceinte. Un risque de cancer de la peau a été évoqué en cas d'utilisation prolongée.

CAMOMILLE ROMAINE

Anthemis nobilis

Famille : astéracées
Autre nom latin : *chamaemelum nobile*
Nom anglais : Roman chamomile
Autre appellation : camomille noble
Origine : pourtour méditerranéen
Partie utilisée : plante en pleine floraison des capitules
Propriétés :
- excellente action antiparasitaire
- antivirale
- action anti-inflammatoire, notamment articulaire
- antispasmodique et calmante puissante du système nerveux central
- calme les douleurs de nature neurologique
- calme les palpitations
- bonne action sur les terrains allergiques (asthme, eczéma)
- effet bénéfique particulier sur l'inflammation des conjonctives notamment secondaire à une réaction allergique
- améliore les états dépressifs sur fond d'inquiétude avec un sentiment de fragilité

Mode d'utilisation : interne et externe
Mise en garde : toujours à utiliser avec précaution et sur une courte période. Demander conseil à un médecin en cas de réactions inattendues.

CAMOMILLE SAUVAGE

Ormenis mixta

Famille : astéracées
Autres noms latins : *ormenis multicaulis, anthemis mixta, chamaemelum mixtum*
Noms anglais : Weedy dogfennel, Chamomile oil
Autres appellations : camomille du Maroc, orménie
Origine : Maroc
Partie utilisée : plante fleurie
Propriétés :
- anti-infectieuse et antibactérienne
- antiparasitaire
- antispasmodique
- plutôt neurotonique et tonique général
- réputée aphrodisiaque
- action contre la fièvre
- action cicatrisante

Mode d'utilisation : interne et externe
Mise en garde : toujours à utiliser avec précaution et sur une courte période. Demander conseil à un médecin en cas de réactions inattendues.

CAMPHRIER

Cinnamomum camphora

Famille : lauracées
Autres noms latins : *laurus camphora, camphora camphora*
Autre appellation : laurier du Japon
Nom anglais : camphortree
Origine : Inde, Sri Lanka, Chine, Vietnam
Parties utilisées : bois et racines (1), feuilles (2)

Particularité : (1) l'huile essentielle doit être mise à la vente après rectification, car il faut séparer les camphres jaune et brun, particulièrement toxiques et cancérigènes, du camphre blanc, utilisable après élimination du safrol, molécule elle aussi toxique.

Propriétés : – anti-infectieuse, antibactérienne, antivirale et antifongique (2) puissante

- action positive sur les problèmes bronchiques (1)
- anti-inflammatoire et antalgique puissante, notamment dans les problèmes de rhumatismes (1)
- soulage les douleurs musculaires (1)
- tonique et stimulante générale à faible dose, elle devient à forte dose excitante, puis neurotoxique et épileptisante (1)
- tonique et stimulante générale (2)

Mode d'utilisation : interne et externe

Mise en garde : (1) dans le doute de son origine et de sa réelle composition, il est préférable de ne pas l'utiliser (voir particularité). Contrairement au (2) qui ne semble pas présenter de contre-indication, il faut garder à l'esprit son pouvoir neurotoxique et abortif.

CANNELIER DE CEYLAN

Cinnamomum zeylanicum

Famille : lauracées

Autre nom latin : *cinnamomum verum*

Nom anglais : Cinnamon

Origine : Inde, Sri Lanka, Chine

Parties utilisées : feuilles (de préférence) (1), et écorce des tiges de moins de 5 m de diamètre (2)
Particularité : l'huile essentielle de cannelle est plus dense que l'eau, et donc ne surnage pas dans celle-ci
Propriétés :
- anti-infectieuse et antibactérienne très puissante
- antiseptique intestinale, urinaire et pulmonaire
- antivirale et antifongique
- antiparasitaire intestinale
- immunostimulante (1)
- stimulante gastrique et intestinale
- ralentit le transit intestinal
- antispasmodique
- augmente la température du corps
- stimulante générale, excitante à forte dose
- tonique musculaire
- activité anticoagulante et fluidifiante modérée
- aphrodisiaque
- stimule le cortex surrénalien
- favorise les règles par son action contractile puissante au niveau du muscle utérin
- combat la dépression survenant après l'accouchement

Mode d'utilisation : externe (avec précaution) et interne (sous prescription médicale)
Mise en garde : en raison de sa toxicité pour le foie à forte dose, il faut éviter de l'utiliser chez les enfants, de même que chez les personnes sujettes à l'hypertension, ou présentant un état d'excitation nerveuse (risque de

convulsions). Sa toxicité pour la peau et les muqueuses limite son utilisation.

CANNELIER DE CHINE

Cinnamomum cassia

Famille : lauracées
Nom anglais : Cinnamon
Origine : Chine, Vietnam
Partie utilisée : rameaux
Particularité : la variété *cinnamomum loureirii* (cannelle du Vietnam) présente les mêmes propriétés principales.
Propriétés : voir cannelier de Ceylan, o.p. (organe producteur : écorces)
Mode d'utilisation : interne principalement (sous prescription médicale), externe avec beaucoup de précautions
Mise en garde : la forte concentration en aldéhyde le contre-indique à l'emploi, car il présente une puissante toxicité pour la peau et les muqueuses.

CARDAMOME

Elettaria cardamomum

Famille : zingibéracées
Autre nom latin : *amomum cardamomum*
Nom anglais : Cardamom
Origine : Guatemala, Inde, Ceylan
Partie utilisée : fruits (graines)
Particularité : elle entre dans la composition du curry et dans celle de certains parfums.

Propriétés : – anti-infectieuse et antibactérienne de manière variable
– antiparasitaire intestinale
– expectorante puissante
– facilite l'élimination des gaz
– stimule la sécrétion gastrique
– tonique et stimulante
– antispasmodique modérée
– aphrodisiaque

Mode d'utilisation : interne et externe

Mise en garde : toujours à utiliser avec précaution et sur une courte période. Demander conseil à un médecin en cas de réactions inattendues.

CAROTTE

Daucus carota, var. *sativa*

Famille : opiacées

Nom anglais : Carrot

Origine : Europe

Partie utilisée : graines (voire plante entière si sauvage)

Particularité : c'est par excellence l'huile essentielle du convalescent, car son action de réparation fait naturellement suite à la phase aiguë de la maladie. Elle doit être utilisée de manière ponctuelle. La variété *daucus carota*, var. *maximus* (grande carotte sauvage) présente les mêmes propriétés.

Propriétés : – régularise le transit intestinal
– régularise les fonctions pancréatiques
– stimule fortement la reconstitution de la cellule hépatique
– dépurative et diurétique

- antispasmodique musculaire
- favorise et régularise les règles
- anti-inflammatoire
- action cicatrisante et revitalisante du tissu cutané
- antianémique
- neurotonique
- activité vasodilatatrice
- légèrement anticoagulante

Mode d'utilisation : interne et externe

Mise en garde : toujours à utiliser avec précaution et sur une courte période. Demander conseil à un médecin en cas de réactions inattendues.

Carotte

CARVI

Carum carvi

Famille : opiacées
Nom anglais : Caraway
Origine : Balkans
Partie utilisée : semences écrasées
Particularité : souvent confondu avec le cumin *(cuminum cyminum)*
Propriétés :
- combat les putréfactions intestinales par son action anti-infectieuse
- expectorante puissante
- améliore les fonctions hépatiques et biliaires
- stimule la digestion et diminue les ballonnements
- facilite modérément le drainage du rein
- tonique cérébral à faible dose

Mode d'utilisation : interne et externe
Mise en garde : l'essence présente une toxicité pour le foie à haute dose, ainsi qu'une toxicité neurologique et abortive. Elle est donc contre-indiquée chez l'enfant et la femme enceinte.

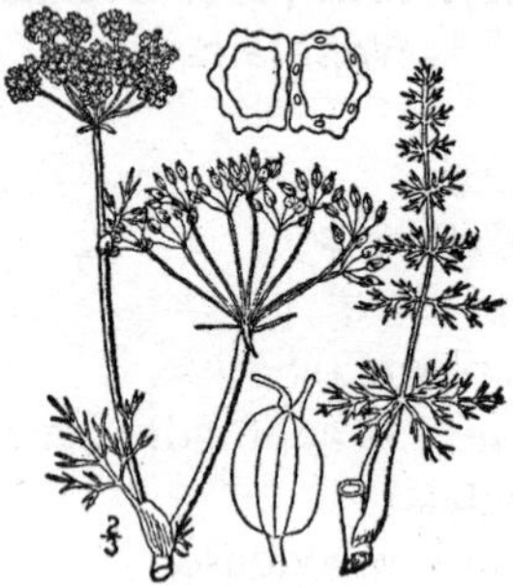

Carvi

CASCARILLE

Croton eluteria

Famille : euphorbiacées
Noms anglais : Cascarilla, Amber kabug, Sweet-wood tree
Origine : Inde (Ouest), Amérique du Sud (Pérou, Venezuela, Paraguay), Bahamas, Haïti
Partie utilisée : écorce
Propriétés :
- tonique digestif
- facilite l'élimination des gaz
- antidiarrhéique
- action contre la nausée et les vomissements
- action contre la douleur, notamment les céphalées

Mode d'utilisation : interne et externe
Mise en garde : toujours à utiliser avec précaution et sur une courte période. Demander conseil à un médecin en cas de réactions inattendues.

CATAIRE (CITRONNÉE)

Nepeta cataria

Famille : lamiacées
Nom anglais : Catnip
Origine : France
Partie utilisée : plante fleurie
Particularité : ne pas confondre avec *nepeta mussinii* (Catmint, en anglais)
Propriétés :
- anti-infectieuse
- antivirale réputée

– calmante et sédative puissante
– anti-inflammatoire efficace
– aurait une action dissolvante sur les calculs biliaires

Mode d'utilisation : interne et externe
Mise en garde : toujours à utiliser avec précaution et sur une courte période. Demander conseil à un médecin en cas de réactions inattendues.

Cataire (citronnée)

CÉDRATIER

Citrus medica, var. *vulgaris*

Famille : rutacées
Nom anglais : Citron
Origine : Inde
Partie utilisée : zeste
Propriété : stimule fortement la sécrétion gastrique
Mode d'utilisation : interne et externe (avec précaution)
Mise en garde : attention à son effet photosensibilisant en usage externe lors de l'exposition de la peau au soleil.

CÈDRE DE L'ATLAS

Cedrus atlantica

Famille : abiétacées
Nom anglais : Cedarwood
Autre appellation : cèdre de l'Atlantique
Origine : Maroc
Partie utilisée : bois
Particularité : la variété *cedrus deodora* (cèdre de l'Himalaya) possède les mêmes propriétés et les mêmes contre-indications.
Propriétés :
- rôle antiseptique des voies urinaires et génitales
- antimycosique (intérêt dans les maladies du cuir chevelu)
- s'oppose à la putréfaction
- expectorante
- action cicatrisante
- régénératrice artérielle
- favorise le drainage sur le système lymphatique
- agit favorablement sur l'élimination des graisses cutanées (cellulite)
- action positive sur les maladies de peau (eczéma sec)
- tonifiante

Mode d'utilisation : externe et interne
Mise en garde : à éviter pendant la grossesse et chez l'enfant en raison de sa neurotoxicité et de son pouvoir abortif. La survenue éventuelle de colique néphrétique a été observée. La variété *juniperus virginiana* (cèdre de Virginie) a l'inconvénient d'être particulièrement allergisante.

CÉLERI

Apium graveolens

Famille : opiacées
Nom anglais : Wild celery
Autre appellation : céleri odorant
Origine : Inde, Chine
Parties utilisées : semences (1), plante entière non grainée (2)
Propriétés :
- antiseptique urinaire (1)
- expectorante (2)
- stimule l'appétit
- tonique digestif (1)
- favorise le drainage général en stimulant les fonctions hépatiques et rénales (1) (2)
- antispasmodique (2)
- tonique général puissant et neurotonique (1)
- sédative puissante (1)
- améliore la circulation veineuse (1)
- favorise les règles (1)
- aide à l'allaitement (1)
- semble combattre efficacement la formation de taches pigmentaires (1)
- anti-inflammatoire modérée (2)

Mode d'utilisation : interne et externe
Mise en garde : pour (1), usage après avis médical. Pour (2), se méfier de son action photosensibilisante en usage externe.

Céleri

CHANVRE DOUX

Cannabis sativa

Famille : moracées
Nom anglais : Marijuana, Hemp
Origine : Inde, Manille, Nouvelle-Zélande
Partie utilisée : feuilles
Propriétés : – anti-inflammatoire puissante
– décongestionnante
Mode d'utilisation : interne et externe
Mise en garde : toujours à utiliser avec précaution et sur une courte période. Demander conseil à un médecin en cas de réactions inattendues.

Chanvre doux

CHÉNOPODE ANTIHELMINTHIQUE

Chenopodium ambrosioides

Famille : chénopodiacées
Noms anglais : Mexican tea, Wormseed
Autre appellation : ansérine vermifuge
Origine : États-Unis, Mexique
Partie utilisée : plante fleurie
Particularité : inscrite au tableau C de la pharmacopée (délivrée uniquement sur ordonnance médicale).
Propriété : antiparasitaire intestinale puissante
Mode d'utilisation : interne
Mise en garde : son action neurotoxique et abortive la contre-indique chez l'enfant et la femme enceinte.

Chénopode antihelminthique

CISTE LADANIFÈRE

Cistus ladaniferus

Famille : cistacées
Nom anglais : Gum rockrose
Autre appellation : hallier (en français), ou jara (en espagnol)
Origine : pourtour méditerranéen
Parties utilisées : rameaux feuillus et gomme
Particularité : doit être utilisée en petite quantité
Propriétés :
- anti-infectieuse, antibactérienne et antivirale puissante
- action intéressante sur les maladies infantiles
- antispasmodique
- régule le système neurovégétatif
- apaise la nervosité
- aide à trouver le sommeil
- cicatrisante, elle traite avec succès les crevasses, les coupures ou toutes plaies qui saignent. S'applique aussi sur les escarres.
- hémostatique puissante
- tonifiante cutanée, elle affermit la peau
- action puissante contre l'inflammation des artères
- décongestionne l'appareil génital
- améliore la circulation veineuse

Mode d'utilisation : externe (voie cutanée) et interne
Mise en garde : ne pas utiliser chez la femme enceinte

CITRON JAUNE

Citrus limonum

Famille : rutacées
Autres noms latins : *citrum limonum, citrus limonia, citrus taitensis*
Nom anglais : Mandarin lime
Origine : Inde, pourtour méditerranéen, Brésil, Argentine
Partie utilisée : zeste de l'écorce (expression à froid)
Particularités : exempte de toute toxicité, cette huile rend de grands services à toute la famille. Elle est souvent rectifiée pour extraire les terpènes.
Propriétés :
- anti-infectieuse, antibactérienne, antiseptique et antivirale
- immunostimulante
- assainit l'air ambiant
- détoxifiante et décongestionnante pour le foie
- protège le pancréas
- favorise la sécrétion gastrique et l'élimination des gaz
- diurétique
- fluidifie et épure le sang
- excellent remède contre la nausée en général et le mal des transports en particulier
- tonifiante générale tant physique que psychique
- action calmante sur le système nerveux
- améliore la microcirculation
- action positive sur certains calculs rénaux
- action positive sur les affections rhumatismales

Mode d'utilisation : interne et externe
Mise en garde : se méfier de l'action photosensibilisante lors de l'exposition de la peau au soleil. Du fait de son mode d'extraction, cette huile est très fragile et s'oxyde facilement. Elle doit être conservée dans un endroit frais et consommée dans un court délai.

CITRONELLE DE CEYLAN
Cymbopogon nardus

Famille : poacées
Autre nom latin : *andropogon nardus*
Noms anglais : Citronella grass, Nardus, Nard grass, Mana grass
Origine : Sri Lanka (Ceylan), Chine
Partie utilisée : herbe
Propriétés :
- antiseptique et antibactérienne
- assainit l'air
- action antiparasitaire intestinale
- stimulante digestive
- légèrement diurétique
- antispasmodique puissante
- effet anti-inflammatoire appréciable
- fait baisser la fièvre
- éloigne les insectes (notamment les moustiques)

Mode d'utilisation : interne et externe
Mise en garde : usage déconseillé aux femmes enceintes

CITRONNELLE DE JAVA

Cymbopogon winterianus

Famille : poacées
Nom anglais : Java citronella
Origine : Java
Partie utilisée : feuilles
Particularité : plus rare que la citronnelle de Ceylan, elle est de qualité supérieure
Propriétés : – antiseptique et antibactérienne puissante
– antiparasitaire intestinale
– tonique digestif
– anti-inflammatoire puissante
– fait baisser la fièvre
Mode d'utilisation : interne et externe
Mise en garde : usage déconseillé aux femmes enceintes

CLOCIMUM

Ocimum gratissimum, var. *eugenoliferum*

Famille : lamiacées
Autre nom latin : *ocimum viride*
Noms anglais : African basil, Wild basil, Clove basil, Tree basil
Autre appellation : menthe gabonaise
Origine : Hawaï, îles du Pacifique
Partie utilisée : sommités fleuries
Particularité : la variété *thymoliferum* (basilic à Thymol) possède des propriétés très proches.
Propriétés : – anti-infectieuse, antivirale et antiparasitaire puissante

– tonique général
– possible action sur la prostate
– action antiarthrosique puissante

Mode d'utilisation : interne et externe (avec précaution)

Mise en garde : pouvoir caustique pour la peau en usage externe

COPAHU

Copaifera officinalis

Famille : césalpinacées
Noms anglais : Copaiba basalm, Copal
Autres appellations : copahier, baume de Copaïba
Origine : Brésil
Partie utilisée : résine
Propriété : action anti-inflammatoire très puissante à tous niveaux
Mode d'utilisation : interne et externe
Mise en garde : toujours à utiliser avec précaution et sur une courte période. Demander conseil à un médecin en cas de réactions inattendues.

CORIANDRE DOUX

Coriandrum sativum

Famille : opiacées
Nom anglais : Coriander
Origine : pourtour méditerranéen, Russie
Parties utilisées : plantes avec ses fruits encore verts (1), feuilles (2)

Propriétés : – anti-infectieuse, antibactérienne, antivirale et particulièrement antiparasitaire (1)
- tonique digestif (1)
- soulage le foie (1)
- diminue les ballonnements et les productions de gaz (1)
- calme les inflammations de l'appareil digestif, notamment les ulcères gastriques et duodénaux induits par un stress trop important (2)
- tonique cardiaque et circulatoire (1)
- rôle anti-inflammatoire sur l'appareil urogénital (2)
- tonique cérébral, elle s'oppose aux humeurs dépressives (1)
- aphrodisiaque (1)
- sédative (2)

Mode d'utilisation : externe et interne

Mise en garde : effet stupéfiant à haute dose (c'est-à-dire qu'elle diminue la sensibilité, et donc la réaction, à toute stimulation)

Coriandre doux

COSTUS

Aucklandia costus

Famille : astéracées
Autres noms latins : *saussurea costus, saussurea lappa, aucklandia lappa*
Noms anglais : Costus, Aucklandia
Origine : Inde, Chine
Partie utilisée : racines
Particularité : tirée de la racine de *saussurea costus*
Propriétés : – anti-infectieuse et antimycosique
– expectorante
– anti-inflammatoire modérée
Mode d'utilisation : interne et externe (voir mise en garde)
Mise en garde : avoir en mémoire le caractère fortement allergisant en usage externe

CRITHME MARINE

Crithmum maritimum

Famille : opiacées
Nom anglais : Samphire
Origine : pourtour méditerranéen, Madère, Canaries
Partie utilisée : parties aériennes
Propriétés : – antiparasitaire intestinal
– diurétique
– anticellulitique
Mode d'utilisation : interne et externe
Mise en garde : toujours à utiliser avec précaution et sur une courte période. Demander conseil à un médecin en cas de réactions inattendues.

CRYPTOMÈRE

Cryptomeria japonica

Famille : taxodiacées
Autres noms latins : *cupressus japonica* ou *taxodium japonica* (1), *cryptomeria kawaii* ou *cryptomeria mairei* ou *cupressus mairei* (2)
Autre appellation : cèdre japonais
Noms anglais : Japanese cedar, Japanese redwood, Peacock pine, Japanese cypress
Origine : Chine, Japon, île de la Réunion
Parties utilisées : rameaux (feuilles), racines
Particularités : il existe deux variétés : (1) *cryptomeria japonica* var. *japonica* (ou *cupressus japonica*, *taxodium japonica*), et (2) *cryptomeria japonica* var. *sinensis* (ou *cryptomeria kawaii*, *cryptomeria mairei*, *cupressus mairei*)
Propriété : action bénéfique sur les ulcères de l'estomac
Mode d'utilisation : interne et externe
Mise en garde : plante toujours à l'étude. À utiliser avec précaution et sur une courte période. Demander conseil à un médecin en cas de réactions inattendues.

CUBÈBE

Piper cubeba

Famille : piperacées
Noms anglais : Cubeb pepper, Sugandha mirchi
Origine : Indonésie, Malaisie
Partie utilisée : baies
Propriétés : – anti-infectieuse et antibactérienne
– favorise l'expectoration

– tonique digestif
– tonique et stimulante
– anti-inflammatoire puissante

Mode d'utilisation : interne et externe

Mise en garde : peut entraîner excitation et diarrhée en usage prolongé, de même que des brûlures de la peau et des muqueuses.

CUMIN

Cuminum cyminum

Famille : opiacées
Autre nom latin : *cuminum odorum*
Nom anglais : Cumin
Origine : Égypte
Partie utilisée : semences (fruits)
Propriétés : – stimule l'appétit et la digestion
– facilite l'élimination des gaz
– action calmante, voire stupéfiante
– action relaxante et antispasmodique
– action contre la douleur
– aide à trouver le sommeil
– anti-inflammatoire notable

Mode d'utilisation : interne et externe

Mise en garde : en usage externe intensif ou prolongé, peut entraîner une irritation de la peau.

CURCUMA

Curcuma longa

Famille : zingibéracées
Autre nom latin : *curcuma domestica*

Nom anglais : Common Tlurmeric
Origine : Inde
Partie utilisée : rhizomes
Particularité : entre, comme la cardamome, dans la composition du curry
Propriétés : – antiparasitaire intestinale puissante
– facilite l'élimination des gaz
– améliore la fonction biliaire
– action cicatrisante
– calme la douleur (notamment rhumatismale)
– aphrodisiaque
Mode d'utilisation : interne et externe
Mise en garde : en raison de son effet toxique sur le système nerveux et de son pouvoir abortif, sa prescription chez l'enfant et la femme enceinte est contre-indiquée.

CYPRÈS BLEU D'ARIZONA

Cupressus arizonica

Famille : cupressacées
Nom anglais : Blue cypress
Origine : États-Unis
Partie utilisée : rameaux feuillus
Propriétés : – anticellulitique puissante
– améliore modérément la circulation
Mode d'utilisation : interne et externe
Mise en garde : action toxique puissante pour le nerf et pouvoir abortif si usage par voie interne

CYPRÈS (TOUJOURS VERT)

Cupressus sempervirens

Famille : cupressacées
Nom anglais : Italian cypress, Mediterranean cypress
Origine : îles de la mer Égée et Asie Mineure
Partie utilisée : rameaux
Propriétés :
- antiseptique, anti-infectieuse, antibactérienne et antimycobactérienne
- stimule l'immunité
- expectorante et antitussive
- action positive sur le transit intestinal
- stimule la sécrétion des enzymes pancréatiques
- antispasmodique
- vasoconstrictrice
- décongestionnante veineuse et lymphatique puissante
- décongestionnante puissante de la prostate
- antihémorragique
- cicatrisante
- anti-inflammatoire
- neurotonique
- antiénurésique (perte nocturne d'urine) chez l'enfant
- action de protection du cheveu
- régule la transpiration due à la nervosité
- facilite modérément les règles

Mode d'utilisation : interne et externe
Mise en garde : en raison de son activité hormonale, sa prescription est réservée au corps médical.

DAVANA
Artemisia pallens

Famille : astéracées
Nom anglais : Davana
Origine : Inde
Partie utilisée : plante entière
Propriétés : – expectorante
– anxiolytique puissant à très faible dose
– cicatrisante
Mode d'utilisation : externe et interne
Mise en garde : du fait de sa toxicité neurologique et de son pouvoir abortif, elle est contre-indiquée chez l'enfant et la femme enceinte.

DOUGLAS (SAPIN DE)
Pseudotsuga Menziesii

Famille : abiétacées
Autre nom latin : *pseudotsuga douglasii, pseudotsuga mucronata*
Nom anglais : Douglas-Fir
Origine : France
Partie utilisée : aiguilles
Propriétés : – antiseptique puissante
– expectorante
Mode d'utilisation : interne et externe
Mise en garde : toujours à utiliser avec précaution et sur une courte période. Demander conseil à un médecin en cas de réactions inattendues.

ÉLÉMI (DE MANILLE)

Canarium luzonicum

Famille : burseracées
Noms anglais : Elemi, Kenari tree
Origine : Philippines, Moluques, Brésil
Partie utilisée : résine
Propriétés :
- antiseptique et antiamibienne
- traite efficacement les affections des bronches
- stimule la sécrétion gastrique
- aide à la cicatrisation des plaies

Mode d'utilisation : principalement externe (voie cutanée et respiratoire)
Mise en garde : toujours à utiliser avec précaution et sur une courte période. Demander conseil à un médecin en cas de réactions inattendues.

ENCENS

Boswellia frereana

Famille : burseracées
Autre nom latin : *boswellia carterii*
Noms anglais : Frankincense-olibanum, Elemi frankincense
Autre appellation : oliban
Origine : Yémen, Éthiopie, Somalie
Partie utilisée : résine
Particularité : il existe une autre variété : *Boswellia serrata.*
Propriétés :
- stimule l'immunité
- action positive sur les affections respiratoires, y compris l'asthme

– cicatrisante
– tonique cérébral
– antidépressive

Mode d'utilisation : externe et interne

Mise en garde : toujours à utiliser avec précaution et sur une courte période. Demander conseil à un médecin en cas de réactions inattendues.

ÉPICÉA

Tsuga canadensis

Famille : abiétacées

Noms anglais : Eastern hemlock, Canadian hemlock, Hemlock spruce

Origine : Canada

Partie utilisée : aiguilles

Particularité : ses propriétés sont semblables à celles du pin sylvestre.

Propriétés :
– désinfecte les voies respiratoires et urinaires
– expectorante
– améliore la fonction hépatique
– stimule les surrénales

Mode d'utilisation : interne et externe (avec précaution)

Mise en garde : toujours à utiliser avec précaution et sur une courte période. Demander conseil à un médecin en cas de réactions inattendues.

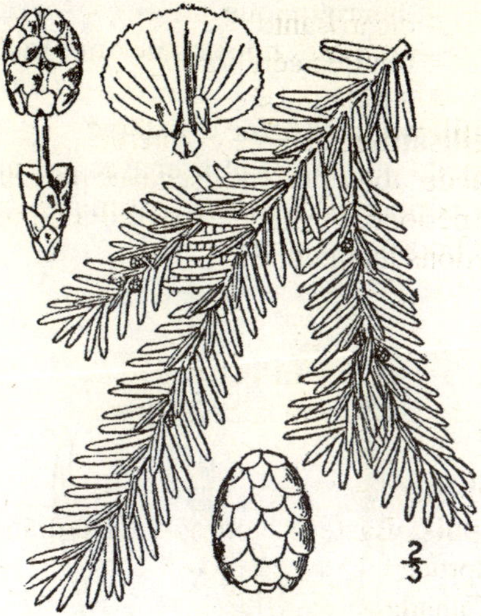

Épicéa

ÉPINETTE NOIRE

Picea mariana

Famille : abiétacées
Nom anglais : Black spruce
Origine : Canada
Partie utilisée : aiguilles
Propriétés : – anti-infectieuse, antiseptique des voies aériennes, antimycosique et antiparasitaire
– stimule l'immunité
– antispasmodique
– anti-inflammatoire
– tonique général

– neurotonique
– activité hormonale surrénale et ovarienne

Mode d'utilisation : interne et externe
Mise en garde : toujours à utiliser avec précaution et sur une courte période. Demander conseil à un médecin en cas de réactions inattendues.

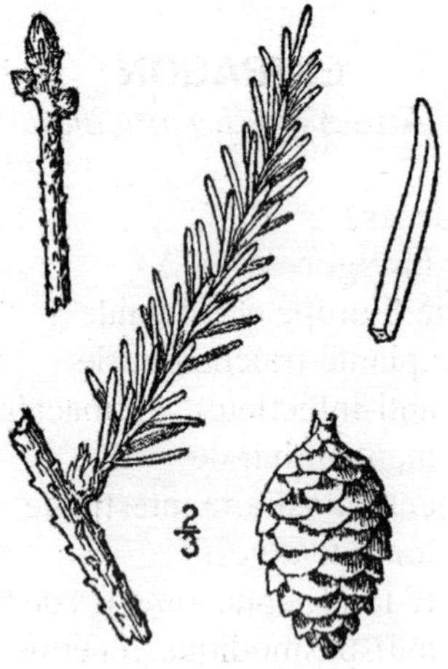

Épinette noire

ÉRIOCÉPHALÉE

Eriocephalus punctulatus

Famille : astéracées
Nom anglais : Cape chamomile
Origine : Afrique du Sud
Partie utilisée : plante fleurie

Propriétés : – antispasmodique très puissante
– anti-inflammatoire puissante
– effet notable contre la douleur
– calmante et anxiolytique

Mode d'utilisation : interne et externe
Mise en garde : toujours à utiliser avec précaution et sur une courte période. Demander conseil à un médecin en cas de réactions inattendues.

ESTRAGON

Artemisia dracunculus

Famille : astéracées
Nom anglais : Tarragon
Origine : Russie, Europe occidentale
Partie utilisée : plante fraîche fleurie
Propriétés : – anti-infectieuse, antibactérienne et fortement antivirale
– antiparasitaire intestinale
– tonique digestif
– réduit les phénomènes de ballonnements
– antispasmodique générale
– action particulière contre le hoquet
– modérément anticoagulante
– modérément anti-inflammatoire
– antiallergique
– favorise le sommeil de manière modérée

Mode d'utilisation : exclusivement interne
Mise en garde : son usage doit être évité lors de la grossesse et limité dans le temps.

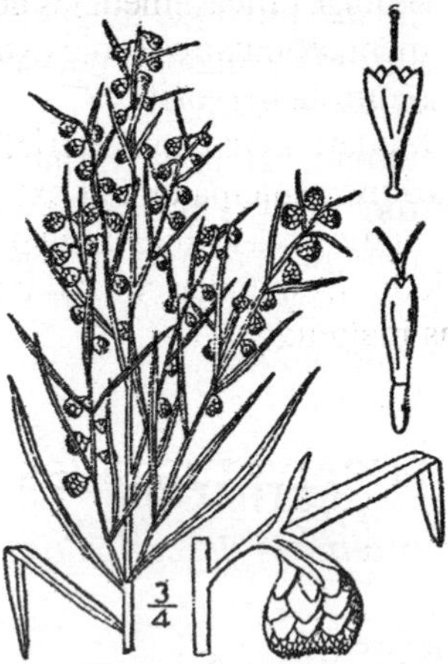

Estragon

EUCALYPTUS CITRIODORA

Eucalyptus citriodora

Famille : myrtacées
Nom anglais : Lemonscented gum
Origine : Chine, Brésil, Madagascar
Parties utilisées : feuilles, extrémités des branches
Propriétés :
- pouvoir antiviral utile dans le traitement du zona
- anti-infectieuse légère
- stimule la sécrétion des enzymes pancréatiques
- légèrement antispasmodique
- anti-inflammatoire particulière sur l'appareil rhumatismal, génital et urinaire

- soulage efficacement les douleurs, notamment articulaires (voie externe et interne)
- réduit la nervosité
- modère la tension artérielle

Mode d'utilisation : principalement externe, interne
Mise en garde : toujours à utiliser avec précaution et sur une courte période. Demander conseil à un médecin en cas de réactions inattendues.

EUCALYPTUS DIVES

Eucalyptus dives

Famille : myrtacées
Autre appellation : eucalyptus mentholé
Nom anglais : Tasmanian bluegum
Origine : Afrique du Sud
Parties utilisées : feuilles, extrémités des branches
Propriétés :
- anti-infectieuse et antibactérienne efficace (notamment ORL et génitale)
- expectorante puissante
- diurétique
- action régénératrice rénale

Mode d'utilisation : interne et externe
Mise en garde : attention à ses pouvoirs légèrement neurotoxiques et abortifs

EUCALYPTUS GLOBULUS

Eucalyptus globulus

Famille : myrtacées
Autre appellation : arbre-à-la-fièvre (sud de l'Inde)
Nom anglais : Tasmanian bluegum

Origine : Australie, Tasmanie, Malaisie
Parties utilisées : feuilles et rameaux
Particularité : un certain nombre d'eucalyptus ne sont pas aromatiques. Son implantation préviendrait du paludisme dans les zones à risque. Il est largement utilisé pour assainir les zones marécageuses.
Propriétés :
- antibactérienne, antivirale, antimycosique et antiparasitaire
- très bon désinfectant de l'air ambiant
- traite efficacement les affections broncho-pulmonaires par ses pouvoirs antiseptiques et expectorants
- calme la toux
- action diurétique
- antispasmodique
- aurait des propriétés hypoglycémiantes
- anti-inflammatoire
- aide à la cicatrisation
- bonne action sur les douleurs rhumatismales (voie cutanée)
- favorise la coagulation
- éloigne les moustiques

Mode d'utilisation : interne (voie rectale et buccale), réservée à la prescription médicale, et externe (cutanée, inhalation)
Mise en garde : il faut garder à l'esprit que l'huile essentielle pure peut être fatale à des doses de plus de 3 ml. À mettre toujours hors de portée des enfants et ne pas l'utiliser chez le nourrisson.

EUCALYPTUS POLYBRACTEA

Eucalyptus polybractea, var. *cryptonifera*

Famille : myrtacées
Autre appellation : eucalyptus à fleurs multiples
Nom anglais : Tasmanian bluegum
Origine : Australie
Parties utilisées : feuilles, extrémités des branches
Particularités : la variété *cineolifera* ne présente qu'une action expectorante et anticatarrhale puissante. Son implantation préviendrait du paludisme dans les zones à risque. Il est largement utilisé pour assainir les zones marécageuses.
Propriétés :
- anti-infectieuse, antivirale puissante, antibactérienne
- antiparasitaire
- expectorante puissante
- décongestionnante prostatique efficace

Mode d'utilisation : principalement externe, interne
Mise en garde : retenir sa toxicité pour le système nerveux et son pouvoir abortif.

EUCALYPTUS RADIATA

Eucalyptus radiata

Famille : myrtacées
Nom anglais : Tasmanian bluegum
Origine : Australie
Parties utilisées : feuilles, extrémités des branches
Particularité : en comparaison avec la variété *globulus*, l'eucalyptus *radiata* a une affinité prononcée pour la sphère ORL.

Propriétés : – antiseptique et antibactérienne
– antivirale
– décongestionnante et expectorante exceptionnelle pour les cas de rhino-pharyngites, mais pour les otites
– calme la toux
– anti-inflammatoire

Mode d'utilisation : principalement externe, interne
Mise en garde : toujours à utiliser avec précaution et sur une courte période. Demander conseil à un médecin en cas de réactions inattendues.

FAGARA

Fagara schinifolia

Famille : rutacées
Autre nom latin : *zanthoxylum piperitum*
Autre appellation : huile de *Sansho*
Noms anglais : Sichuan pepper, Japonese pepper, Hua jiao
Origine : Chine, Japon
Partie utilisée : fruits
Propriétés : – anti-infectieuse d'efficacité variable
– action antispasmodique

Mode d'utilisation : interne et externe
Mise en garde : attention à l'effet photosensibilisant en usage externe lors de l'exposition de la peau au soleil.

FAUX POIVRIER

Schinus terebenthifolius

Famille : anacardiacées
Nom anglais : Brazilian peppertree
Origine : Brésil, Madagascar
Parties utilisées : rameaux et baies
Propriétés : – antiseptique
– action fortement expectorante
Mode d'utilisation : interne et externe
Mise en garde : plante toujours à l'étude

FENOUIL DOUX

Foeniculum vulgare, var. *dulce*

Famille : opiacées
Autre nom latin : *foeniculum capillaceum*, var. *dulce*, *foeniculum foeniculum*
Nom anglais : Sweet fennel
Origine : Inde, Japon, pourtour méditerranéen
Partie utilisée : plante entière fructifiée fraîche
Propriétés : – antiseptique, antibactérienne et antiparasitaire
– stimule l'appétit
– améliore les fonctions hépatiques et biliaires
– améliore les fermentations intestinales et diminue les ballonnements
– excellente pour la cicatrisation de la muqueuse digestive
– calme les spasmes intestinaux et améliore le transit

- favorise le drainage rénal, avec une action anti-inflammatoire reconnue
- aide à régulariser les cycles et favorise les règles
- favorise la lactation
- calme les douleurs

Mode d'utilisation : interne et externe (attention avec le fenouil amer)

Mise en garde : éviter l'usage chez l'enfant et la femme enceinte du fait de son activité de type œstrogénique. Noter son effet narcotique à haute dose. Enfin, il existe un risque possible de réaction allergique en application locale avec le fenouil amer.

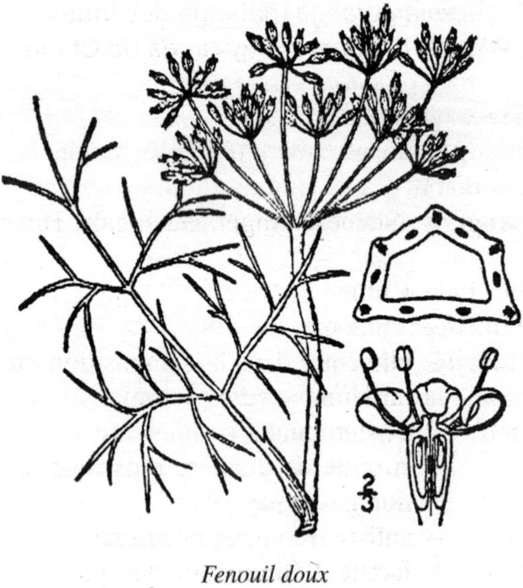

Fenouil doux

GAÏAC

Guajacum officinale

Famille : zygophyllacées
Nom anglais : Common Lignum vitae
Origine : Amérique du Sud
Parties utilisées : bois, résine
Propriétés : – anti-infectieuse puissante
– stimulante puissante
– calme les douleurs
Mode d'utilisation : interne et externe
Mise en garde : possible gastro-entérite en cas de surdosage

GALANGA

Alpinia galanga (galanga des Indes),
Alpinia officinarum (galanga de Chine)

Famille : zingibéracées
Autres appellations : gingembre rouge, souchet long, souchet odorant
Noms anglais : Siamese ginger, Galangale, Henriette's pics
Origine : Inde, Chine
Partie utilisée : rhizome
Particularité : elle entre dans la composition du curry, tout comme la cardamome et le curcuma.
Propriétés : – expectorante
– stimule de manière puissante la sécrétion gastrique
– antispasmodique puissante
– facilite l'élimination des gaz

Mode d'utilisation : interne et externe
Mise en garde : toujours à utiliser avec précaution et sur une courte période. Demander conseil à un médecin en cas de réactions inattendues.

GALBANUM

Ferula galbaniflua

Famille : opiacées
Autre nom latin : *ferula gummosa*
Autre appellation : férule gommeuse
Nom anglais : Galbanum
Origine : Iran, Liban, Turquie
Parties utilisées : gomme, résine
Propriétés :
- anti-infectieuse reconnue
- tonique et stimulante puissante
- tonique digestif
- légèrement antispasmodique
- expectorante
- anti-inflammatoire
- action positive sur la cicatrisation
- action contre la douleur
- favorise la baisse de la tension artérielle
- favorise les règles
- action particulière sur les sphères rénales et génitales
- diurétique
- décongestionnante puissante

Mode d'utilisation : interne et externe
Mise en garde : toujours à utiliser avec précaution et sur une courte période. Demander conseil à un médecin en cas de réactions inattendues.

GATTILIER

Vitex agnus castus

Famille : verbénacées
Autres appellations : petit poivre, agneau chaste, poivre sauvage, herbe au poivre, poivre de moine, arbre de poivre
Noms anglais : Chastetree, Agnus-Castus
Origine : région méditerranéenne, Balkans, Asie, Afrique du Nord
Partie utilisée : baies
Propriétés :
- antimicrobienne (notamment le staphylocoque doré)
- régulatrice hormonale (elle calme les douleurs de règles)
- favorise l'allaitement
- calmante générale
- modère les envies sexuelles
- tonique surrénalienne
- antispasmodique

Mode d'utilisation : interne et externe
Mise en garde : ses propriétés puissantes sur les fonctions hormonales la réservent à la prescription médicale.

GAULTHÉRIE

Gaultheria procumbens

Famille : ericacées
Autres appellations : Wintergreen, Gaulthérie couchée
Noms anglais : Eastern teaberry, Wintergreen
Origine : Chine, Népal
Partie utilisée : plante entière

Particularité : la variété *gaultheria fragrantissima* (gaulthérie odorante) présente les mêmes propriétés.

Propriétés :
- stimule efficacement la fonction hépatique
- antispasmodique puissante
- anti-inflammatoire puissante
- action vasodilatatrice modérée

Mode d'utilisation : interne et externe

Mise en garde : toujours à utiliser avec précaution et sur une courte période. Demander conseil à un médecin en cas de réactions inattendues.

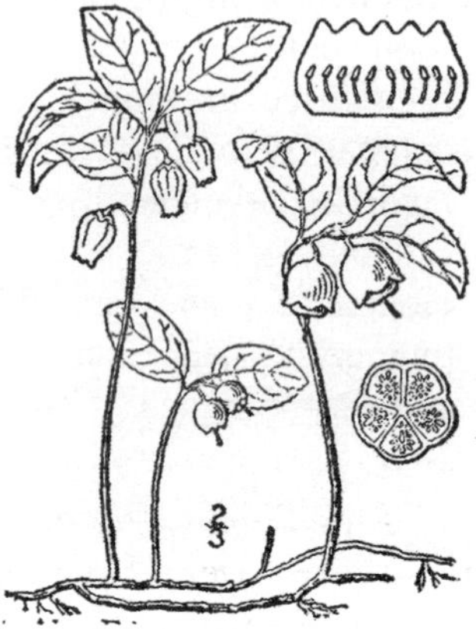

Gaulthérie

GAYAC

Bulnesia sarmienti

Famille : zygophyllacées

Nom anglais : Balsamo, Gaiacwood

Origine : Amérique du Sud

Partie utilisée : bois
Particularité : odeur proche de celle de la rose
Propriétés : – antiseptique
– diurétique
– décongestionnante veineuse et lymphatique puissante
– anti-inflammatoire
– stimulante puissante
Mode d'utilisation : interne et externe
Mise en garde : toujours à utiliser avec précaution et sur une courte période. Demander conseil à un médecin en cas de réactions inattendues.

GENÉVRIER COMMUN

Juniperus communis

Famille : cupressacées
Nom anglais : Common Juniper
Origine : Balkans, pourtour méditerranéen
Parties utilisées : baies et rameaux fructifiés
Particularités : *juneprus* est un terme celte signifiant « âpre ». Il faudrait distinguer l'huile essentielle tirée exclusivement des baies, var. *communis terpineoliferum* (1), de celles incluant les rameaux, var. *communis* (2) et var. *montana* (3). La pureté de la première variété fait sa force, mais elle est rare.
Propriétés : – anti-infectieuse (1) (3)
– antibactérienne
– antiseptique puissante (2)
– expectorante (2)
– tonique digestif (1)

- améliore efficacement les fonctions hépatiques et pancréatiques (1)
- favorise le transit
- action favorable sur les ulcères de l'estomac (1)
- s'oppose à la formation des calculs biliaires et rénaux (1)
- favorise le drainage rénal (2)
- antispasmodique puissante (3)
- régulatrice du système nerveux (3)
- tonique cérébral remarquable (1)
- soulage les douleurs rhumatismales (2)
- action anti-inflammatoire, notamment dans les problèmes de sciatique (3) et de l'appareil génital et urinaire
- favorise la cicatrisation
- favorise la transpiration
- favorise les règles

Mode d'utilisation : principalement interne, externe

Mise en garde : emploi en cours de grossesse déconseillé

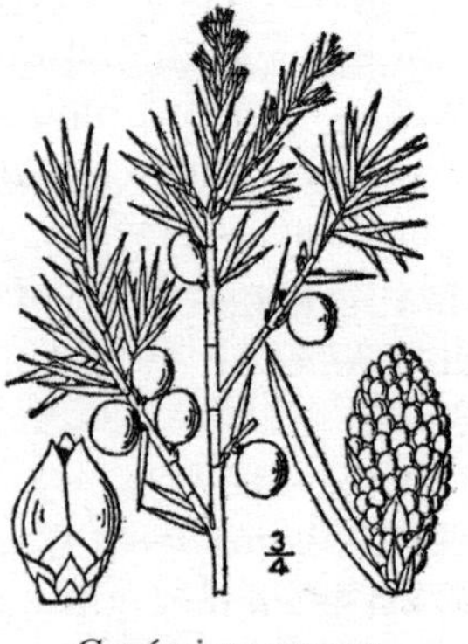

Genévrier commun

GENÉVRIER DU MEXIQUE

Juniperus mexicana

Famille : cupressacées
Autre appellation : cèdre du Texas
Nom anglais : Juniper
Origine : Mexique
Partie utilisée : bois
Particularité : la variété *juniperus virginiana* (genévrier de Virginie), bois, présente les mêmes propriétés
Propriété : décongestionnante veineuse
Mode d'utilisation : interne et externe
Mise en garde : toujours à utiliser avec précaution et sur une courte période. Demander conseil à un médecin en cas de réactions inattendues.

GÉRANIUM ROSAT

Pelargonium graveolens

Famille : géraniacées
Autres noms latins : *pelargonium asperum, pelargonium odorantissimum*
Noms anglais : Sweet scented geranium, Rose-scent geranium
Autre appellation : géranium odorant
Origine : Égypte, Chine, île de la Réunion, Afrique du Sud
Partie utilisée : feuilles fraîches
Particularité : le *pelargonium roseum*, dit Bourbon (géranium rosat) est avant tout utilisé dans la parfumerie en raison de son odeur proche de celle de la rose.

Propriétés : – anti-infectieuse, antibactérienne et anti-fongique puissante
– antiparasitaire intestinale
– aurait une action favorable sur les fonctions hépatiques et pancréatiques endocrines et la régénérescence des cellules hépatiques
– facilite la diurèse
– son tropisme pour la peau l'indique dans les affections inflammatoires dues aux piqûres d'insectes, voire à l'acné juvénile
– arrête les saignements, antiseptique et cicatrisante
– antispasmodique et relaxante puissante
– favorise le drainage veineux et lymphatique
– éloigne les insectes (moustiques)
– antalgique efficace
– action stimulante sur les surrénales
– tonique psychique
– action anticancéreuse évoquée

Mode d'utilisation : principalement externe, interne

Mise en garde : toujours à utiliser avec précaution et sur une courte période. Demander conseil à un médecin en cas de réactions inattendues.

GERMANDRÉE GLAUQUE

Teucrium flavum

Famille : lamiacées

Nom anglais : Germander

Origine : côte méditerranéenne du sud de la France
Partie utilisée : herbe fleurie
Propriétés :
- anti-inflammatoire
- décongestionnante lymphatique et veineuse puissante

Mode d'utilisation : interne et externe
Mise en garde : toujours à utiliser avec précaution et sur une courte période. Demander conseil à un médecin en cas de réactions inattendues.

GERMANDRÉE MARITIME

Teucrium marum, var. *dolichodialiferum*

Famille : lamiacées
Noms anglais : Cat thyme, Marum
Origine : Espagne
Partie utilisée : sommités fleuries
Propriétés :
- antiseptique et antiparasitaire intestinale puissante
- expectorante
- stimule l'appétit et favorise les sécrétions digestives, notamment gastriques
- stimule les fonctions hépatiques et pancréatiques
- facilite l'élimination des gaz
- décongestionnante splénique
- favorise les règles
- tonique et stimulante (à faible dose)
- fait baisser la fièvre

Mode d'utilisation : interne et externe
Mise en garde : déconseillée chez l'enfant et la femme enceinte, en raison d'un effet irritant

GINGEMBRE

Zingiber officinale

Famille : zingibéracées
Autres noms latins : *amomum zingiber, zingiber zingiber*
Nom anglais : Garden ginger
Origine : Chine, Inde, Malaisie
Partie utilisée : rhizome (racines séchées)
Particularités : la variété *zingiber cassumunar* combat la fièvre et possède des propriétés broncho-dilatatrices puissantes (et donc antiasthmatiques) et relaxantes utérines facilitant l'élimination des gaz.
Propriétés :
- facilite la digestion et la sécrétion gastrique
- facilite l'élimination des gaz
- expectorante et anticatarrhale
- tonique sexuel et aphrodisiaque reconnu
- action efficace contre la douleur (notamment musculaire, rhumatismale et dentaire)
- fait baisser la fièvre

Mode d'utilisation : interne et externe
Mise en garde : à ne pas confondre avec le gingembre indien, *asarum canadense*, appartenant à une autre famille et ne présentant aucune vertu thérapeutique.

GIROFLIER

Eugenia caryophyllata

Famille : myrtacées
Autres noms latins : *syzygium aromaticum, caryophyllus aromaticus, eugenia caryophyllus*

Autre appellation : clous de girofle
Noms anglais : Clove tree, Clove
Origine : Indonésie (Moluques)
Parties utilisées : les boutons (ou clous), la feuille et les pédicelles floraux
Particularités : il ne s'agit ici que de l'huile essentielle de girofle extraite exclusivement des boutons qui fut le remède privilégié pour combattre les fléaux tels que la lèpre, la peste et le choléra. Elle a aussi une affinité particulière avec l'huile essentielle de cannelle.
Propriétés :
- antiseptique et antibactérienne confirmée
- antivirale puissante
- antiparasitaire et antimycosique
- désinfectante intestinale
- immunostimulante, notamment pendant la grossesse
- prévient les infections des suites d'accouchement
- antiseptique et antinévralgique dentaire puissante et reconnue
- stimulante digestive et intestinale
- facilite l'élimination des gaz
- dynamisante physique et psychique
- antalgique, antinévralgique
- tonique utérin, elle prépare à l'accouchement
- aide à la cicatrisation
- pourrait avoir une activité antitumorale

Mode d'utilisation : interne et externe
Mise en garde : par voie buccale, il est préférable de la réserver à l'adulte. En raison des risques d'irritation de

la peau, son usage externe doit se faire avec précaution, en la diluant largement.

GRANDE CAMOMILLE

Chrysanthemum parthenium

Famille : astéracées
Autres noms latins : *tanacetum parthenium, matricaria parthenium*
Nom anglais : Feverfew
Autre appellation : parthenelle
Origine : France
Partie utilisée : plante fleurie
Propriétés : – stimule l'appétit
– favorise le transit intestinal
– facilite l'élimination des gaz
– antispasmodique
– tonique
– facilite les règles
Mode d'utilisation : interne et externe
Mise en garde : toujours à utiliser avec précaution et sur une courte période. Demander conseil à un médecin en cas de réactions inattendues.

GURJUM

Dipterocarpus turbinatus

Famille : diptérocarpacées
Noms anglais : Garjan oil tree, Dau con quay
Origine : Inde, Malaisie
Partie utilisée : résine
Propriétés : – anti-infectieuse intestinale

- action anti-inflammatoire générale puissante

Mode d'utilisation : interne et externe
Mise en garde : toujours à utiliser avec précaution et sur une courte période. Demander conseil à un médecin en cas de réactions inattendues.

HÉDYCHIUM

Hedychium acuminatum

Famille : zingibéracées
Nom anglais : Ginger lily
Origine : montagnes de l'Himalaya
Partie utilisée : racine
Propriétés :
- antiparasitaire puissante
- antiasthmatique puissante
- stimule la fonction hépatique
- anti-inflammatoire
- décongestionne la prostate
- action calmante sur le système nerveux central, avec un effet antiépileptique noté

Mode d'utilisation : interne et externe
Mise en garde : effets indésirables en cours d'évaluation

HÉLICHRYSE

Helichrysum italicum (1),
Helichrysum angustifolium (2)

Famille : astéracées
Autre appellation : surnommée « immortelle » en raison de ses fleurs qui ne fanent pas

Noms anglais : Helichrysum, Strawflower
Origine : pourtour méditerranéen (1), Balkans (2)
Partie utilisée : plante fleurie, avant épanouissement complet
Particularité : le rendement d'extraction est très faible, d'où sa rareté et son prix élevé. La variété *helichrysum gymnosophisme*, hélichryse à capitules nus, présente principalement une action anti-inflammatoire puissante, de même qu'une action antalgique, antiseptique et probablement aphrodisiaque.
Propriétés :
- antivirale
- aide à l'expectoration par son action fluidifiante sur les sécrétions
- stimule la fonction hépatique
- antidiabétique
- facilite la circulation sanguine artérielle
- anticoagulante, fluidifiante sanguine
- aide à régulariser le taux de cholestérol circulant dans le sang
- anti-inflammatoire et antalgique
- remède le plus puissant connu contre les hématomes
- antispasmodique artérielle
- cicatrisante et antiscléreuse
- soulage les douleurs musculaires

Mode d'utilisation : interne et externe
Mise en garde : toxique pour le système nerveux en raison de sa teneur en cétones

HERNANDIA

Hernandia voyronii

Famille : hernandiacées
Nom anglais : hernandia
Origine : Madagascar
Partie utilisée : écorce
Propriétés : – anti-infectieuse, antibactérienne, antivirale puissante et antiparasitaire
– stimule la fonction pancréatique
– décongestionne la prostate
– tonique, excitante
– antiscléreuse
– anti-inflammatoire puissante
– rôle hormonal sur la fonction génitale

Mode d'utilisation : interne et externe (avec précaution)
Mise en garde : attention à son effet agressif sur la peau. Son action hormonale la réserve à la prescription médicale.

HOUBLON

Humulus lupulus

Famille : cannabinacées (ou moracées)
Nom anglais : Common hop
Origine : Balkans, Europe
Partie utilisée : fleurs (boutons ou cônes séchés)
Propriétés : – stimule la fonction pancréatique
– diurétique
– antispasmodique
– anti-inflammatoire

– favorise les règles
– action sédative
– aide au sommeil
– régularise les pulsions sexuelles

Mode d'utilisation : interne et externe
Mise en garde : son action œstrogénique la réserve à la prescription médicale.

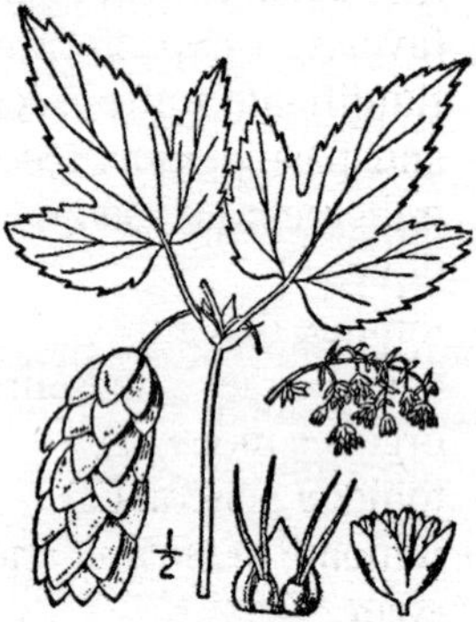

Houblon

HYSOPE

Hyssopus officinalis

Famille : lamiacées
Nom anglais : Hyssop
Origine : France, Espagne
Partie utilisée : plante fleurie
Particularité : selon la composition biochimique, on distingue l'*hyssopus officinalis* (1) et l'*hyssopus montana* (2) beaucoup moins toxique, réservé à l'enfant. Son parfum légèrement camphré évoque la lavande, la marjolaine ou la sauge.

Propriétés : – antivirale puissante
- action antiparasitaire intestinale, antimycosique et antibactérienne
- anti-infectieuse pour les affections ORL et broncho-pulmonaires (2)
- anti-inflammatoire pulmonaire
- améliore les problèmes infectieux de rhumatismes articulaires aigus (2)
- favorise l'expectoration par son action fluidifiante sur les sécrétions (1) (2)
- antispasmodique, recommandée dans le traitement de fond des malades asthmatiques (1)
- tonique digestif
- soulage les douleurs profondes des organes mous (1)
- tonique général (2)
- remonte la tension artérielle et tonifie le cœur
- favorise la transpiration
- fait baisser la fièvre
- pouvoir cicatrisant

Mode d'utilisation : principalement externe, interne (prescription par le médecin)

Mise en garde : en raison de sa très forte concentration en cétones, l'*hyssopus officinalis* présente un pouvoir de toxicité neurologique important, pouvant induire des crises d'épilepsie. Elle est donc contre-indiquée chez l'enfant et doit être utilisée à faible dose chez l'adulte. Elle est également contre-indiquée chez une personne sujette à l'hypertension artérielle.

Hysope

INULE ODORANTE

Inula graveolens

Famille : astéracées
Autres noms latins : *dittrichia graveolens, erigeron graveolens*
Noms anglais : Stinkwort, Camphor inula, stinkweed, Cape khakiweed, Inul, Sweet-flowering heads
Origine : Corse, Provence
Partie utilisée : plante entière
Propriétés :
- antiseptique, anti-infectieuse, antibactérienne
- action bienfaisante au niveau des bronches, par son activité expectorante et fluidifiante des sécrétions
- anti-inflammatoire
- antispasmodique

– action tonique sur le cœur
– calme les palpitations
– aurait une action antileucémique

Mode d'utilisation : interne et externe

Mise en garde : toujours à utiliser avec précaution et sur une courte période. Demander conseil à un médecin en cas de réactions inattendues.

INULE VISQUEUSE

Inula viscosa

Famille : astéracées

Autres noms latins : *cupularia viscosa, dittrichia viscosa*

Noms anglais : False yellowhead, Sticky fleabane

Origine : Sardaigne, Malte

Partie utilisée : herbe fleurie

Propriétés :
– antiparasitaire intestinale
– antispasmodique puissante (notamment digestive)
– éloigne les insectes

Mode d'utilisation : interne et externe

Mise en garde : toujours à utiliser avec précaution et sur une courte période. Demander conseil à un médecin en cas de réactions inattendues.

IRIS

Iris pallida

Famille : iridacées

Noms anglais : Sweet iris, Orris

Origine : pourtour méditerranéen

Partie utilisée : racines séchées (rhizome)
Particularité : 1,5 tonne de racines séchées pendant 3 ans sont nécessaires pour obtenir 1 kilogramme d'huile essentielle. Sa rareté la réserve à la parfumerie.
Propriétés :
- antiseptique cutanée
- antiparasitaire intestinale
- favorise l'expectoration
- calme l'angoisse, améliore la concentration

Mode d'utilisation : externe principalement
Mise en garde : toujours à utiliser avec précaution et sur une courte période. Demander conseil à un médecin en cas de réactions inattendues.

JABORANDI

Pilocarpus jaborandi

Famille : rutacées
Noms anglais : Jaborandi, Indian hemp, Pernambuco jaborandi
Origine : Amérique centrale, Amérique du Sud, Caraïbes
Partie utilisée : pétales séchés
Particularité : c'est à partir de l'huile essentielle qu'est extrait un alcaloïde : la pilocarpine. Elle entraîne très rapidement nausées et vomissements.
Propriétés :
- entraîne une transpiration profuse
- stimule l'ensemble des sécrétions, dont les sécrétions salivaires et bronchiques
- favoriserait la production de lait
- action réputée anti-inflammatoire

Mode d'utilisation : interne et externe

Mise en garde : utilisation à proscrire. Prescription strictement réservée au corps médical. Huile essentielle extrêmement toxique, abortive et caustique pour la peau.

JASMIN

Jasminum officinale

Famille : oléacées
Autres noms latins : *jasminum grandiflorum, jasminum odoratissimum*
Nom anglais : Poet's jasmin
Origine : Extrême-Orient, pourtour méditerranéen
Partie utilisée : fleurs
Particularité : très utilisée dans la composition de certains parfums
Propriétés :
- action sédative modérée sur le système nerveux central et périphérique
- action antispasmodique
- expectorante
- régularise des règles

Mode d'utilisation : interne et externe
Mise en garde : toujours à utiliser avec précaution et sur une courte période. Demander conseil à un médecin en cas de réactions inattendues.

KATRAFAY

Cedrelopsis grevei

Famille : ptaeroxylacées
Autre appellation : bemafaitra
Nom anglais : Katrafy

Origine : Madagascar
Partie utilisée : bois (écorce)
Propriétés : – tonique et fortifiante, voire aphrodisiaque
– anti-inflammatoire (notamment rhumatismale)
– apaise les douleurs (notamment les maux de tête et les maux de gorge)
Mode d'utilisation : externe
Mise en garde : toujours à utiliser avec précaution et sur une courte période. Demander conseil à un médecin en cas de réactions inattendues.

LANTANE

Lantana camara

Famille : verbénacées
Autres noms latins : *lantana aculeata, lantana tiliifolia*
Noms anglais : Lantana, Shrub verbena, Wild-sage
Origine : Madagascar, Caraïbes
Partie utilisée : plante fleurie
Propriétés : – antivirale
– expectorante
– cicatrisante
– favorise les règles
– antitumorale
Mode d'utilisation : interne et externe
Mise en garde : toxicité neurologique et pouvoir abortif la contre-indiquant aux enfants et aux femmes enceintes.

LASER DE FRANCE

Laserpitium gallicum

Famille : opiacées
Nom anglais : laserpitium
Origine : France
Partie utilisée : sommité grainée
Propriétés : – anti-infectieuse
- stimule la sécrétion gastrique
- diurétique
- antidépresseur puissant
- sédative
- action anti-inflammatoire, notamment hépatique, urinaire et vasculaire
- régénératrice tissulaire

Mode d'utilisation : interne et externe (avec précaution)
Mise en garde : garder en mémoire l'effet photosensibilisant en usage externe, lors de l'exposition de la peau au soleil.

LAURIER D'APOLLON

Laurus nobilis

Famille : lauracées
Noms anglais : Sweet Bay, Laurel, Bay laurel
Autres appellations : laurier noble, laurier sauce
Origine : pourtour méditerranéen, Asie Mineure
Partie utilisée : rameaux feuillus
Particularités : l'huile essentielle a la particularité de s'opposer aux maladies dégénératives. Cette particula-

rité se retrouve dans ses racines, réputées imputrescibles une fois l'arbre coupé.

Propriétés :
- anti-infectieuse, antibactérienne, antivirale et antimycosique
- antigrippale
- traite les infections génito-urinaires de la femme
- immunostimulante
- expectorante
- tonique cardio-vasculaire
- vasodilatatrice coronarienne
- anticoagulante
- antalgique puissant, notamment au niveau rhumatismal
- assainit la sphère intestinale
- antispasmodique puissante
- favorise les règles
- régularise la circulation lymphatique
- régénère l'épiderme
- neurotonique et antidépresseur
- antisclérosante, antidégénérative
- rééquilibre le système nerveux végétatif

Mode d'utilisation : interne (réservé à la prescription) et externe

Mise en garde : se méfier de son effet narcotique à haute dose, de même d'une possible allergie en usage cutané.

LAVANDE ASPIC

Lavandula spica

Famille : lamiacée

Autre nom latin : *lavanda latifolia*

Nom anglais : lavender
Origine : région méridionale
Partie utilisée : hampes florales
Particularité : contient du camphre, contrairement à la lavande officinale
Propriétés : – anti-infectieuse, antibactérienne, anti-mycosique
– antivirale puissante
– anti-infectieuse intestinale
– immunostimulante
– expectorante
– anti-inflammatoire et antalgique rhumatismal
– peut favoriser les règles
– tonique cardiaque
– antalgique (notamment dentaire)
– soulage les douleurs d'origine nerveuse (névrites, zona, céphalées)
– action cicatrisante (escarres, ulcères variqueux)

Mode d'utilisation : interne et externe
Mise en garde : sa teneur parfois importante en camphre peut la rendre toxique à forte dose.

LAVANDE OFFICINALE

Lavandula officinalis

Famille : lamiacées
Autres noms latins : *lavandula vera, lavandula angustifolia*
Nom anglais : English Lavender
Origine : sud de la France, Espagne, Russie

Partie utilisée : hampes florales

Particularité : il faut distinguer, selon leurs régions d'origine, trois espèces de lavandes à l'état sauvage : *lavandula vera* (lavande officinale), *lavandula spica* (lavande aspic) et *lavandula stoechas* (lavande stoechade) qui est très différente des deux premières. *Lavandula hybrida* (ou lavandin) est le résultat de croisements naturels entre les variétés *lavandula vera* et *spica.* Dépourvue de toxicité, elle peut être utilisée pure sur la peau.

Propriétés :
- anti-infectieuse variable
- antiparasitaire
- légèrement désinfectante
- antimycosique cutanée de façon plus faible que le lavandin
- favorise la chasse biliaire
- diurétique
- facilite l'élimination des gaz
- antispasmodique
- calmante, décontractante
- aide à lutter contre l'insomnie des jeunes enfants, voire des nourrissons
- tonifiante
- anti-inflammatoire, notamment circulatoire
- cicatrisante et régénérante de la peau
- antalgique et antinévralgique
- légèrement anticoagulante
- améliore la circulation artério-veineuse et la microcirculation
- régulatrice cardiaque (calme les palpitations)
- tonique cardiaque et hypotenseur

– favorise les règles
– favorise la transpiration
– dépurative cutanée

Mode d'emploi : interne et externe

Mise en garde : toujours à utiliser avec précaution et sur une courte période. Demander conseil à un médecin en cas de réactions inattendues.

LAVANDE STOECHADE

Lavandula stoechas

Famille : lamiacées
Nom anglais : French lavender
Origine : France
Partie utilisée : fleurs
Propriétés : – anti-infectieuse
– expectorante puissante
– anti-inflammatoire modérée
– cicatrisante

Mode d'utilisation : interne et externe

Mise en garde : garder en mémoire sa neurotoxicité et son pouvoir abortif

LAVANDIN ABRIAL

Lavandula hybrida

Famille : lamiacées
Autre nom latin : *lavandula burnatii*
Nom anglais : Lavandin
Origine : France
Partie utilisée : fleurs

Particularité : ses propriétés sont à rapprocher de celles de la lavande aspic, mais de manière plus faible.

Propriétés :
- anti-infectieuse et antimycosique
- bonne activité antivirale
- expectorante
- décongestionnante musculaire
- éloigne les insectes (moustiques)
- légèrement anti-inflammatoire et antalgique rhumatismal
- antalgique dentaire
- neurotonique
- peut soulager les douleurs modérées d'origine nerveuse
- aide à la cicatrisation

Mode d'utilisation : interne et externe

Mise en garde : toujours à utiliser avec précaution et sur une courte période. Demander conseil à un médecin en cas de réactions inattendues.

LÉDUM

Ledum groenlandicum

Famille : ericacées

Autres appellations : thé du Labrador, Lédon du Groenland

Nom anglais : Bog labrador tea

Origine : Canada

Partie utilisée : plante fleurie

Propriétés :
- antibactérienne
- favorise le drainage du foie et la régénération des cellules hépatiques
- décongestionnante

– antispasmodique
– anti-inflammatoire modérée

Mode d'utilisation : interne et externe

Mise en garde : toujours à utiliser avec précaution et sur une courte période. Demander conseil à un médecin en cas de réactions inattendues.

Lédum

LENTISQUE PISTACHIER

Pistacia lentiscus

Famille : anacardiacées
Noms anglais : Mastic tree, Evergreen pistache
Origine : pourtour méditerranéen
Partie utilisée : rameaux
Propriétés : – décongestionnante veineuse et lymphatique puissante

– décongestionnante puissante de la prostate

Mode d'utilisation : interne et externe

Mise en garde : toujours à utiliser avec précaution et sur une courte période. Demander conseil à un médecin en cas de réactions inattendues.

LEPTOSPERME CITRONNÉ

Leptospermum petersonii

Famille : myrtacées

Autre nom latin : *leptospermum citratum*

Nom anglais : Lemon-scented tea tree

Origine : Australie

Partie utilisée : rameaux

Propriétés : – tonique digestif
– anti-inflammatoire puissante
– sédative puissante

Mode d'utilisation : interne et externe

Mise en garde : toujours à utiliser avec précaution et sur une courte période. Demander conseil à un médecin en cas de réactions inattendues.

LIMETTE

Citrus aurantifolia (1), *Citrus latifolia* (2), *Citrus limetta* (3)

Famille : rutacées

Autre nom latin : *limonia aurantifolia*

Noms anglais : Key Lime, Mexican lime, Swingle lime, Bitter orange

Autre appellation : limetier

Origine : Mexique
Partie utilisée : zestes distillés et expressés
Propriétés : – antiseptique aérienne puissante (2)
– stimule la sécrétion gastrique (2)
– anti-inflammatoire puissante (1)
– sédative et antispasmodique puissante (1) (2) (3)
– anticoagulante modérée (1)
Mode d'utilisation : interne et externe
Mise en garde : garder en mémoire le risque de photosensibilisation en usage externe

LINALOE

Bursera delpechiana

Famille : burséracées
Autres noms latins : *bursera delphinium, elophium graveolens*
Noms anglais : Linaloe wood oil, Mexican linaloe oil
Origine : Mexique
Parties utilisées : bois, graines
Propriétés : – anti-infectieuse variable
– antispasmodique puissante
– rééquilibrante pour le système nerveux
Mode d'utilisation : interne et externe
Mise en garde : toujours à utiliser avec précaution et sur une courte période. Demander conseil à un médecin en cas de réactions inattendues.

LITSÉE (CITRONNÉE)

Litsea cubeba

Famille : lauracées
Autre nom latin : *litsea citrata*
Nom anglais : Litsea
Origine : Vietnam
Partie utilisée : baies
Propriétés :
- aurait une action anti-infectieuse et antibactérienne
- tonique digestif
- sédative et calmante puissante
- anti-inflammatoire puissante

Mode d'utilisation : externe et interne
Mise en garde : toujours à utiliser avec précaution et sur une courte période. Demander conseil à un médecin en cas de réactions inattendues.

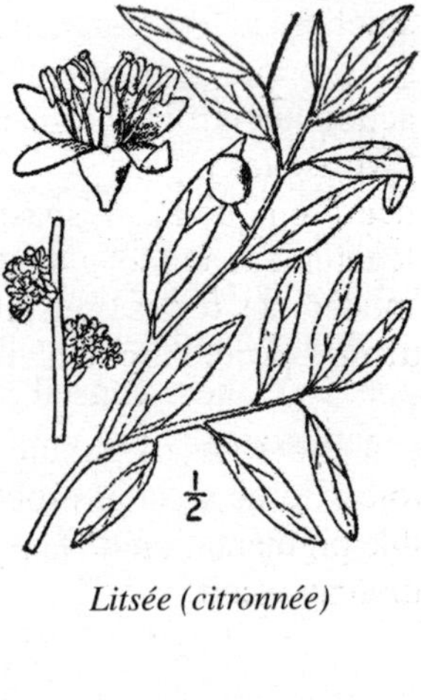

Litsée (citronnée)

LIVÈCHE

Levisticum officinale

Famille : opiacées
Nom anglais : Gardent lovage
Autres appellations : herbe-à-maggi, céleri sauvage, ache des montagnes
Origine : Europe
Parties utilisées : plante entière fraîche avec ses fruits encore verts, racines et rhizome
Particularité : sa forte odeur de céleri rend son utilisation peu aisée mais elle se retrouve néanmoins dans la composition de certains savons.
Propriétés :
- antibactérienne, antimycosique et antiparasitaire
- expectorante
- anti-infectieuse remarquable sur l'appareil urinaire et génital
- stimule les fonctions hépatiques et biliaires
- tonique digestif
- améliore le fonctionnement des reins par ses propriétés diurétiques
- action détoxifiante remarquable
- favorise les règles
- neurotonique et antispasmodique
- légèrement anticoagulante
- modère les fortes transpirations

Mode d'utilisation : principalement interne, externe avec précaution
Mise en garde : à éviter chez l'enfant. Son utilisation prolongée par voie externe n'est pas souhaitable, en raison d'une possible pigmentation de la peau, notamment lors de l'exposition au soleil.

Livèche

MAGNOLIA

Michelia alba

Famille : magnoliacées
Noms anglais : Magnolia, Michelia alba
Origine : Chine
Parties utilisées : feuilles, fleurs
Propriété : utilisée principalement dans les cosmétiques et la parfumerie
Mode d'utilisation : externe
Mise en garde : toujours à utiliser avec précaution et sur une courte période. Demander conseil à un médecin en cas de réactions inattendues.

MAMMEA

Mammea longifolia

Famille : guttifères
Nom anglais : Mammey tree

Origine : Inde
Partie utilisée : boutons floraux
Propriétés : – facilite l'élimination des gaz
– tonique digestif
– aurait un rôle d'insecticide
Mode d'utilisation : interne et externe
Mise en garde : toujours à utiliser avec précaution et sur une courte période. Demander conseil à un médecin en cas de réactions inattendues.

MANDARINIER
Citrus reticulata

Famille : rutacées
Autre nom latin : *citrus nobilis*
Nom anglais : Tangerine
Origine : Chine, Italie
Parties utilisées : zeste de l'écorce (expression à froid) (1), feuilles (2)
Particularités : convient parfaitement aux enfants. L'extraction à partir des feuilles est libellée « petit grain mandarinier ».
Propriétés : – antiseptique et antifongique légère (1)
– tonique digestif et apéritif à faible dose (1)
– facilite la sécrétion de bile (1)
– tonique digestif (1)
– effet modérateur du système nerveux. Effet calmant et sédatif, voire légèrement hypnotique, prépare et favorise le sommeil (1)
– légèrement antispasmodique (1)

– prévient les vomissements (1)
– antispasmodique puissante et calmante (2)

Mode d'utilisation : interne, et externe avec précaution

Mise en garde : certains composants prédisposent à des réactions cutanées désagréables lors de l'exposition au soleil (effet photosensibilisant) (1).

MANUKA

Leptospermum scoparium

Famille : myrtacées
Noms anglais : New Zealand Tea tree
Origine : Nouvelle-Zélande
Partie utilisée : rameaux (feuilles)
Propriétés :
– anti-infectieuse et antiseptique, antivirale, antibactérienne puissante (notamment pour la sphère ORL et pulmonaire) et antimycosique
– antiallergique
– combat la douleur aux niveaux musculaires et articulaires
– antiacnéique
– éloigne efficacement les insectes
– décongestionnante

Mode d'utilisation : principalement externe

Mise en garde : toujours à utiliser avec précaution et sur une courte période. Demander conseil à un médecin en cas de réactions inattendues.

MARJOLAINE (À COQUILLES)

Origanum majorana

Famille : lamiacées

Autres noms latins : *majorana hortensia, majorana majorana*

Nom anglais : Sweet marjoram

Autres appellations : marjolaine à coquilles, marjolaine des jardins, grand origan

Origine : Orient (Égypte)

Partie utilisée : plante entière fleurie, surtout les feuilles

Particularité : sa production est coûteuse, d'où sa rareté

Propriétés :
- anti-infectieuse, antiseptique et antibactérienne
- antibronchitique
- facilite la sécrétion gastrique
- régularise l'appétit
- modérément diurétique
- rééquilibrante générale, neurotonique
- fait baisser la tension artérielle
- stimule la circulation sanguine par son action vasodilatatrice
- antiasthénique
- antispasmodique
- modère les pulsions sexuelles
- antinévralgique et anti-inflammatoire (notamment articulaire et musculaire)

Mode d'utilisation : interne et externe (cutanée et respiratoire)

Mise en garde : effet narcotique à haute dose

MARJOLAINE SYLVESTRE

Thymus mastichina

Famille : lamiacées
Nom anglais : Marjoram
Origine : Espagne
Partie utilisée : plante fleurie
Propriétés : – anti-infectieuse, antiseptique et antibactérienne
– expectorante puissante
Mode d'utilisation : interne et externe
Mise en garde : toujours à utiliser avec précaution et sur une courte période. Demander conseil à un médecin en cas de réactions inattendues.

MASSOÏA

Cryptocarya massoia

Famille : lauracées
Nom anglais : Massoia bark
Origine : Indonésie
Partie utilisée : écorce
Propriétés : – anti-infectieuse, antiseptique, antifongique et antibactérienne
– expectorante
– tonique circulatoire
– tonique nerveux
– aphrodisiaque
Mode d'utilisation : interne, et éventuellement externe avec beaucoup de précaution
Mise en garde : ne pas utiliser chez les enfants et les femmes enceintes. Son usage par voie externe est forte-

ment déconseillé en raison de son très fort pouvoir irritant et allergisant.

MATRICAIRE

Chamomilla recutita

Famille : astéracées
Autres noms latins : *matricaria chamomilla, matricaria recutita*
Nom anglais : German Chamomile
Autre appellation : camomille allemande
Origine : Égypte
Partie utilisée : plante fleurie fraîche
Propriétés :
- antiseptique
- régule les fonctions hépatiques et biliaires
- rôle anti-inflammatoire
- favorise les règles stoppées à la suite d'un stress important
- décongestionnante
- antispasmodique puissante
- sédative légère, voire inductrice du sommeil
- action contre la fièvre
- calme la douleur
- action cicatrisante
- améliore les états dépressifs
- pouvoir antiallergique
- s'oppose à la présence des petites varicosités de surface

Mode d'utilisation : interne et externe
Mise en garde : en raison de ses propriétés œstrogéniques reconnues, son utilisation doit dépendre d'une prescription médicale.

MÉLALEUQUE

Melaleuca alternifolia

Famille : myrtacées

Autres noms latins : *leptospermum flavescens, leptospermum polygalifolium*

Nom anglais : Teatree

Autres appellations : mélaleuca à feuilles alternes, Tea tree

Origine : Australie

Partie utilisée : rameaux feuillus

Propriétés :
- anti-infectieuse puissante, antibactérienne avec une affinité particulière pour l'appareil urinaire, génital et intestinal
- antivirale de référence
- antimycosique
- antiparasitaire
- antiseptique
- stimule les défenses immunitaires
- expectorante
- anti-inflammatoire et antalgique
- améliore le drainage veineux
- tonique général et cardiaque
- antiasthénique
- favorise la montée de température
- propriétés cicatrisantes
- protège des effets du soleil
- éloigne les insectes

Mode d'utilisation : interne et externe

Mise en garde : toujours à utiliser avec précaution et sur une courte période. Demander conseil à un médecin en cas de réactions inattendues.

MÉLALEUQUE BLANC

Melaleuca leucadendron

Famille : myrtacées
Noms anglais : Punktree, White Tea tree, Cajeput fine leaf, Melaleuca, Broadleaf paperbark, Paperbark teatree
Origine : Indonésie
Partie utilisée : rameaux feuillus
Propriétés :
- anti-infectieuse, antibactérienne de manière variable, antivirale et antiparasitaire
- stimule la fonction hépatique
- antispasmodique puissante et décontractante
- décongestionnante veineuse
- anti-inflammatoire

Mode d'utilisation : interne et externe
Mise en garde : toujours à utiliser avec précaution et sur une courte période. Demander conseil à un médecin en cas de réactions inattendues.

MÉLÈZE

Larix decidua

Famille : abiétacées
Autre nom latin : *larix europaea*
Nom anglais : European larch tree
Origine : France
Partie utilisée : aiguilles
Propriétés :
- action antiseptique et anti-infectieuse notable
- neurotonique puissant, relaxante

Mode d'utilisation : interne et externe

Mise en garde : toujours à utiliser avec précaution et sur une courte période. Demander conseil à un médecin en cas de réactions inattendues.

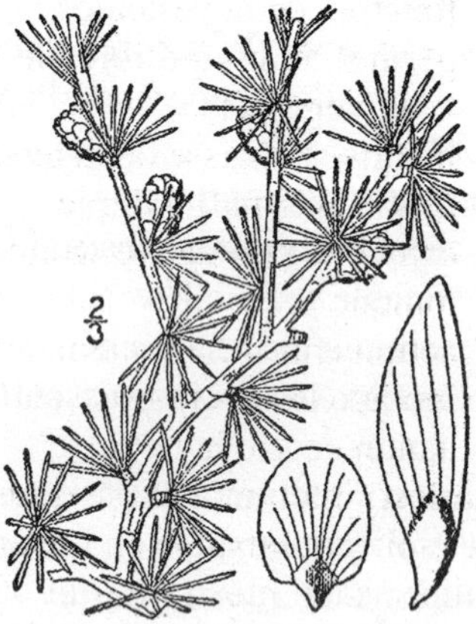

Mélèze

MÉLISSE OFFICINALE

Melissa officinalis

Famille : lamiacées
Noms anglais : Common balm, Lemon balm
Autre appellation : citronnelle
Origine : France, Irlande
Partie utilisée : plante fraîche non fleurie
Particularité : cette essence rare, qui doit être utilisée à très faibles doses et à bon escient, ne doit pas être confondue avec *cymbopogon nardus* (citronnelle de Ceylan) souvent associée à *cymbopogon citratus* (verveine des Indes) pour être vendue sous l'appellation « huile essentielle de mélisse ».

Propriétés : – antiparasitaire intestinale
– aurait une action contre les calculs biliaires, notamment en améliorant la fonction de la vésicule
– permet de rééquilibrer le système nerveux végétatif
– favorise la baisse de la tension artérielle
– action antispasmodique
– calmante et sédative, voire hypnotique
– tonique cérébral
– action anti-inflammatoire
– modère les pulsions sexuelles
– action contre la fièvre

Mode d'utilisation : interne (à faible dose) et externe

Mise en garde : souvent falsifiée en raison de sa rareté. À toujours utiliser avec précaution et sur une courte période. Demander conseil à un médecin en cas de réactions inattendues.

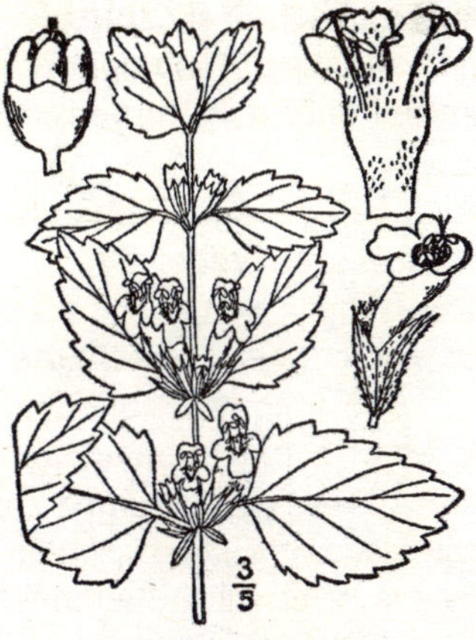

Mélisse officinale

MENTHE BERGAMOTE

Mentha citrata

Famille : lamiacées
Autres noms latins : *mentha aquatica, mentha palustris, mentha arvensis, mentha piperita* var. *citrata, mentha piperi* var. *citrata*
Noms anglais : Bergamot Mint, Water mint
Origine : Inde
Partie utilisée : plante fleurie
Propriétés :
- antiparasitaire et faiblement anti-infectieuse
- stimule les fonctions hépatiques et pancréatiques
- action tonique puissante sur les fonctions génitales
- rééquilibrante nerveuse
- antispasmodique puissante
- anti-inflammatoire

Mode d'utilisation : interne et externe
Mise en garde : attention à son action hormonale qui peut être contre-indiquée dans certains cas.

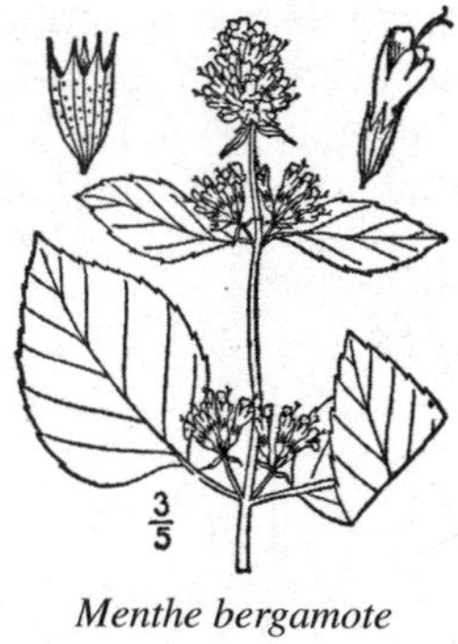

Menthe bergamote

MENTHE DES CHAMPS

Mentha arvensis

Famille : lamiacées
Autres noms latins : *mentha canadensis, mendia gentilis, mentha glabrior, mentha penardii*
Autre appellation : menthe japonaise
Noms anglais : Wild mint, Corn mint, Field mint
Origine : Paraguay, Chine
Partie utilisée : plante fleurie
Particularité : utilisée dans les domaines de la cosmétique, de l'industrie pharmaceutique et de l'art culinaire
Propriétés :
- antibactérienne puissante
- favorise les sécrétions intestinales et biliaires
- tonique, stimulante à faible dose
- tonique cardiaque, elle favorise l'augmentation de la tension artérielle
- excitante, puis stupéfiante à haute dose, suivie d'une phase dépressive
- action antalgique voire anesthésiante sur les membres

Mode d'utilisation : interne et externe
Mise en garde : ne pas utiliser chez un enfant de moins de 30 mois, en raison de son effet local sur la sphère ORL, pouvant entraîner un spasme laryngé fatal. De plus, très riche en menthol (90 %), elle est extrêmement irritante pour la peau et les muqueuses.

Menthe des champs

MENTHE POIVRÉE

Mentha piperita, var. *spicata*

Famille : lamiacées
Autres noms latins : *mentha aquatica* var. *crispa, mentha crispa, mentha dumetorum*
Nom anglais : Peppermint
Origine : plante très répandue et décrite depuis longtemps par les civilisations reculées du pourtour méditerranéen, d'Égypte et de Chine
Partie utilisée : plante fauchée avant la floraison
Propriétés :
- anti-infectieuse, antivirale, antibactérienne, antimycosique et antiparasitaire
- immunostimulante
- action expectorante
- stimule les fonctions hépatiques et pancréatiques
- régénère les cellules hépatiques
- facilite l'élimination des gaz
- dépurative sanguine
- antinauséeuse et antivomitive
- tonique circulatoire
- décongestionne la prostate
- légère action anti-inflammatoire
- antalgique, voire anesthésiante
- équilibrante
- action tonique générale puissante
- tonique sexuel
- favorise les règles
- antispasmodique légère
- antianémique
- contrarie la montée de lait
- calme les prurits

Mode d'utilisation : interne principalement, et externe avec beaucoup de précautions en raison de réactions allergiques possibles. Ne l'appliquer qu'au niveau du front, des tempes et du lobe des oreilles.
Mise en garde : garder en mémoire sa possible toxicité, car absorbée en quantité élevée, cette huile essentielle a une action stupéfiante (c'est-à-dire qu'elle diminue la sensibilité, et donc la réaction, à toute stimulation) après une phase d'hyperexcitation. Elle a aussi une action hypertensive.

Menthe poivrée

MENTHE POULIOT
Mentha pulegium

Famille : lamiacées
Autre nom latin : *pulegium vulgare*
Noms anglais : Pennyroyal, Hedeoma
Origine : Espagne et Afrique du Nord
Partie utilisée : plante fauchée en pleine floraison
Propriétés : – expectorante puissante

– tonique général
– favorise les règles

Mode d'utilisation : interne et externe

Mise en garde : son pouvoir neurotoxique et abortif contre-indique son utilisation chez l'enfant et la femme enceinte.

MENTHE SUAVE

Mentha suaveolens

Famille : lamiacées

Autre nom latin : *mentha rotundifolia*

Nom anglais : Apple mint

Origine : Méditerranée, Europe de l'Ouest

Partie utilisée : plante fauchée en pleine floraison

Particularité : bien que les propriétés soient proches, il faut distinguer les variétés *menthofuranifera* (1) et *dihydricarvonifera* (2)

Propriétés :
– anti-infectieuse (1) (2), antibactérienne, antimycosique (1)
– expectorante puissante
– stimule la fonction hépatique
– anti-inflammatoire puissante
– action sédative
– régulatrice cardiaque

Mode d'utilisation : interne et externe

Mise en garde : usage très prudent car la variété (2) présente une action neurotoxique et abortive.

Menthe suave

MENTHE SYLVESTRE

Mentha longifolia

Famille : lamiacées
Autres noms latins : *mentha sylvestris, mentha cordifolia, mentha viridis, mentha spicata*
Autres appellations : menthe à longues feuilles, menthe des bois
Nom anglais : Habek mint
Origine : Europe de l'Ouest
Partie utilisée : plante fauchée en pleine floraison
Propriétés :
- anti-infectieuse, antibactérienne, antimycosique et antiparasitaire
- expectorante puissante
- tonique cardiaque et splénique important
- aurait une action antitumorale

Mode d'utilisation : interne et externe
Mise en garde : toujours à utiliser avec précaution et sur une courte période. Demander conseil à un médecin en cas de réactions inattendues.

MENTHE VERTE

Mentha spicata

Famille : lamiacées
Autre nom latin : *mentha viridis*
Nom anglais : Spearmint
Origine : pourtour méditerranéen
Partie utilisée : plante fauchée en pleine floraison
Particularité : moins riche en menthol
Propriétés :
- expectorante puissante
- favorise la fonction biliaire dans son ensemble
- tonique digestif
- anti-inflammatoire puissante
- action calmante
- action cicatrisante reconnue

Mode d'utilisation : interne principalement, et externe avec beaucoup de modération en raison de réactions allergiques possibles
Mise en garde : son pouvoir neurotoxique et abortif contre-indique son utilisation par l'enfant et la femme enceinte.

Menthe verte

MILLEPERTUIS

Hypericum perforatum

Famille : hypericacées
Noms anglais : Common St John's wort, Klamathweed, Goatweed
Origine : France
Partie utilisée : plante fleurie
Propriétés :
- antiseptique et faiblement anti-infectieuse
- anti-inflammatoire puissante au niveau des muqueuses
- action antitraumatique interne

Mode d'utilisation : interne et externe (avec précaution)
Mise en garde : risque d'allergie par voie cutanée

Millepertuis

MONARDE FISTULEUSE

Monarda fistulosa, var. *geraniolifera*

Famille : lamiacées
Noms anglais : Wild bergamot, Wild monarda, Horse-mint, Purple bee balm
Origine : France
Partie utilisée : plante fleurie
Propriétés : – anti-infectieuse, antibactérienne, antimycosique et antivirale puissante
– tonique général
Mode d'utilisation : interne et externe
Mise en garde : déconseillée chez la femme enceinte

Monarde fistuleuse

MOUTARDE NOIRE

Brassica nigra

Famille : brassicacées
Autres noms latins : *sinapis nigra, brassica juncea*
Nom anglais : Black Mustard

Origine : France
Partie utilisée : graines
Propriétés : – antiseptique, antibactérienne et antiparasitaire
– provoque l'inflammation
Mode d'utilisation : interne principalement
Mise en garde : garder en mémoire sa très forte neurotoxicité et son pouvoir irritant pour la peau.

Moutarde noire

MUSCADIER
Myristica fragrans

Famille : myristicacées
Autres noms latins : *nux machata, myristica officinalis*
Noms anglais : Nutmeg (tree), Mace
Origine : Sri Lanka, Inde, Moluques, Sumatra, Java
Parties utilisées : graines (noix), enveloppe
Propriétés : – antiseptique générale

- antiparasitaire intestinale
- facilite l'élimination des gaz
- tonique digestif
- permettrait de résoudre les calculs biliaires
- tonique général puissant
- neurotonique
- améliore la circulation sanguine
- provoque et régularise les règles
- facilite l'accouchement
- combat la douleur
- soulage les douleurs dentaires, musculaires ou rhumatismales (en application externe)

Mode d'utilisation : interne et externe
Mise en garde : à forte dose (plus de 6 g chez l'adulte), l'huile essentielle a un effet stupéfiant (c'est-à-dire qu'elle diminue la sensibilité, et donc la réaction, à toute stimulation). Son activité hormonale œstrogénique la réserve à la prescription médicale.

MYRIQUE BAUMIER

Myrica gale

Famille : myricacées
Autres noms latins : *gale palustris, myrica tomentosa*
Autres appellations : piment royal, galè odorant, bois-sent-bon
Noms anglais : Sweet gale, Candie berry, Bog myrtle, Meadow-fern
Origine : Europe du Nord, Amérique du Nord, Asie
Partie utilisée : rameaux
Propriétés :
- expectorante
- antitumorale

Mode d'utilisation : interne et externe
Mise en garde : neurotoxique et abortive

Myrique baumier

MYRRHE AMÈRE

Commiphora molmol

Famille : burséracées
Autres noms latins : *commiphora opobalsamum, amyris gileadensis, amyris opobalsamum*
Noms anglais : Mecca myrrh, Balm-of-Gilead, Bitter myrrh
Origine : Yémen, Éthiopie, Somalie
Parties utilisées : gomme, résine
Propriétés :
- antivirale puissante
- antiseptique, anti-infectieuse et antiparasitaire
- s'oppose à la putréfaction
- action anti-inflammatoire
- expectorante

– aide à la cicatrisation
– action de régulation sur la fonction thyroïdienne
– modère les pulsions sexuelles

Mode d'utilisation : interne et externe
Mise en garde : son action sur la fonction thyroïdienne la réserve à la prescription médicale.

MYRRHE DOUCE

Commiphora erythraea

Famille : burséracées
Autres noms latins : *commiphora habessinica, balsamodendrum habessinicum, commiphora myrrha*
Noms anglais : Abyssinian myrrh, Yemen myrrh, Arabian myrrh, Opopanax, Sweet Myrrh
Origine : Yémen, Éthiopie, Somalie
Parties utilisées : gomme, résine
Propriétés :
– anti-infectieuse, antivirale et antiparasitaire
– s'oppose à la putréfaction
– expectorante
– action anti-inflammatoire puissante qui adoucit, notamment, les muqueuses respiratoires
– aide à la cicatrisation
– calme et réconforte l'âme et l'esprit

Mode d'utilisation : interne et externe
Mise en garde : la variété *commiphora myrrha* est contre-indiquée en cas de grossesse.

MYRTE COMMUN

Myrtus communis

Famille : myrtacées
Nom anglais : myrtle
Origine : région méditerranéenne
Partie utilisée : rameaux
Particularités : la variété *myrtenylacetatiferum* possède seulement des propriétés décongestionnantes veineuses et lymphatiques puissantes ainsi qu'une action antispasmodique. À noter aussi une autre variété de myrte, le myrte citronné *(backousia citriodora)*.
Propriétés :
- anti-infectieuse
- immunostimulante
- expectorante
- stimule la fonction hépatique
- décongestionne les systèmes veineux et lymphatiques
- décongestionne la prostate
- légèrement antispasmodique
- prépare au sommeil
- raffermit la peau
- action hormonale au niveau des ovaires et de la thyroïde

Mode d'utilisation : externe (principalement), et interne
Mise en garde : du fait de son activité stimulante hormonale elle est réservée à la prescription médicale.

NARD (DE L'HIMALAYA)

Nardostachys jatamansi

Famille : valérianacées
Autres noms latins : *aralia racemosa*

Noms anglais : American spikenard, Nard, Life of man, Pettymorell, Indian root, Indian spike, False indian valerian root, Spignet
Autre appellation : jatamansi
Origine : Népal, Inde
Partie utilisée : racines séchées
Particularité : rare et onéreuse, elle est utilisée comme parfum.
Propriétés : – action antibactérienne
– action calmante puissante
– anti-inflammatoire
– stimule la fonction ovarienne
– améliore la circulation veineuse
– aide à l'entretien de la peau
Mode d'utilisation : externe principalement, interne possible
Mise en garde : toujours à utiliser avec précaution et sur une courte période. Demander conseil à un médecin en cas de réactions inattendues.

Nard (de l'Himalaya)

NÉROLI BIGARADIER
(voir aussi ORANGER AMER)
Citrus aurantium var. *amara* o.p. fleurs

Famille : rutacées
Autre nom latin : *citrus bigaradia* o.p. fleurs
Nom anglais : Neroli
Origine : Chine, pourtour méditerranéen
Partie utilisée : fleurs
Particularité : du fait de son faible rendement d'extraction, les fleurs sont très souvent mélangées avec celles de l'oranger doux, du citronnier et du mandarinier.
Propriétés :
- anti-infectieuse, antibactérienne, antimycobactérienne, antiparasitaire
- stimule les fonctions du foie et du pancréas
- neurotonique
- sédative
- antidépressive
- aphrodisiaque
- favorise la baisse de la tension artérielle et du rythme cardiaque
- favorise le retour veineux
- améliore la qualité de la peau

Mode d'utilisation : interne et externe
Mise en garde : toujours à utiliser avec précaution et sur une courte période. Demander conseil à un médecin en cas de réactions inattendues.

NIAOULI

Melaleuca quinquenervia

Famille : myrtacées
Autre nom latin : *melaleuca viridiflora*
Autre appellation : goménol
Nom anglais : Broad-leaved paperbark
Origine : Nouvelle-Calédonie, Australie
Partie utilisée : rameaux feuillus
Particularité : la variété *quinquenervia nerolidolifera* (mélaleuque à feuilles pentanerves) possède globalement les mêmes propriétés, avec en plus une action stimulante des surrénales.
Propriétés :
- antiseptique
- antivirale exceptionnelle
- excellent pouvoir anti-infectieux
- pouvoir antibactérien très étendu
- antimycosique et antiparasitaire
- stimulante immunitaire
- expectorante
- stimule la fonction hépatique
- s'oppose à la formation de calcul biliaire
- fait baisser la fièvre
- action anti-inflammatoire
- pouvoir cicatrisant et régénérant
- action contre la douleur
- modère la tension artérielle
- décongestionne le système veineux
- action hormonale au niveau de l'appareil génital
- action tonique au niveau de la peau
- aide à la protection des effets du soleil sur la peau
- possible action antitumorale

Mode d'utilisation : interne et externe
Mise en garde : éviter une friction trop énergique, en raison d'un effet irritant pour la peau. De plus, compte tenu de ses effets hormonaux, son usage doit se faire après avis médical.

NIGELLE DE DAMAS
Nigella damascena

Famille : renonculacées
Noms anglais : Devil in the bush, Wild fennel, Black caraway seed
Autre appellation : cheveux de Vénus
Origine : Syrie
Partie utilisée : graines
Propriétés : – antiallergique puissante
– action anti-inflammatoire
Mode d'utilisation : interne et externe
Mise en garde : toujours à utiliser avec précaution et sur une courte période. Demander conseil à un médecin en cas de réactions inattendues.

OIGNON
Allium cepa

Famille : liliacées
Noms anglais : Garden onion, Shallot
Origine : Europe, Égypte
Partie utilisée : bulbe
Particularité : principalement utilisée dans l'industrie alimentaire, il est difficile de s'en procurer en pharma-

cie. Bien que cette huile possède des propriétés intéressantes, sa forte odeur sulfureuse répugne à sa prescription et à son utilisation.

Propriétés : – antiseptique et antibactérienne
- action antiparasitaire intestinale
- expectorante
- tonique digestif
- améliore la fonction pancréatique endocrine
- diurétique puissante
- favorise la baisse du taux de cholestérol circulant dans le sang
- stimulante générale
- ralentit le vieillissement
- action contre la thrombose et la sclérose
- éloigne les moustiques
- apaise les douleurs (voie cutanée)

Mode d'utilisation : interne et externe (mais avec précaution car irritant pour la peau)

Mise en garde : toujours à utiliser avec précaution et sur une courte période. Demander conseil à un médecin en cas de réactions inattendues.

Oignon

OPOPANAX VÉRITABLE

Opopanax chironium

Famille : opiacées
Autre nom latin : *pastinaca opopanax*
Nom anglais : True opopanax
Origine : bassin méditerranéen, Perse, Brésil
Partie utilisée : racine
Propriété : action puissante de drainage hépatique et rénal
Mode d'utilisation : interne et externe
Mise en garde : toujours à utiliser avec précaution et sur une courte période. Demander conseil à un médecin en cas de réactions inattendues.

ORANGER AMER

Citrus aurantium var. *amara*

Famille : rutacées
Autre nom latin : *citrus bigaradia*
Autres appellations : bigaradier, clémentine
Nom anglais : Orange blossom
Origine : Asie orientale
Parties utilisées : écorce (ou zeste) du fruit arrivé à maturité (expression à froid). La distillation des rameaux avec ses feuilles, ses fleurs et ses fruits est possible, mais les propriétés ne sont plus exactement les mêmes.
Particularités : il faut distinguer, selon les parties utilisées : l'huile essentielle d'oranger amer (ou bigaradier) résultant de la distillation de toutes les parties, l'huile essentielle de néroli provenant uniquement des fleurs, et

enfin l'huile essentielle de petit grain bigaradier obtenue par la distillation exclusive des feuilles.

Propriétés :
- anti-infectieuse modérée
- stimule efficacement les sécrétions digestives
- action de drainage général
- régulateur du système nerveux : aide à combattre l'insomnie des gens angoissés et sujets à la dépression nerveuse
- anti-inflammatoire
- antispasmodique
- améliore la circulation artérielle
- aide à la fluidification du sang par son action légèrement anticoagulante
- action cicatrisante cutanée
- régénérante pour la peau

Mode d'utilisation : interne et externe

Mise en garde : garder en mémoire son effet photosensibilisant pour la peau en application externe.

ORANGER DOUX

Citrus sinensis

Famille : rutacées

Autres noms latins : *citrus aurantium* var. *sinensis, citrus macracantha*

Nom anglais : Sweet orange, Orange, Navel orange

Origine : Brésil

Partie utilisée : zestes expressés

Propriétés :
- action antiseptique puissante
- tonique digestif
- facilite l'élimination des gaz
- action calmante et sédative

Mode d'utilisation : interne et externe
Mise en garde : garder en mémoire son effet photosensibilisant pour la peau en application externe.

ORIGAN

Origanum vulgare

Famille : lamiacées
Autre nom latin : *origanum compactum*
Noms anglais : Oregano, Wild Marjoram, Wintersweet
Autres appellations : marjolaine sauvage, grande marjolaine
Origine : pourtour méditerranéen (Maroc, Grèce, Espagne)
Partie utilisée : plante fleurie
Particularités : plante antiseptique de référence. La variété *origanum heracleoticum* (origan de Grèce) possède des propriétés identiques.
Propriétés :
- anti-infectieuse puissante
- antibactérienne, antimycobactérienne, antimycosique et antiparasitaire
- stimule l'immunité
- expectorante
- stimule l'appétit
- facilite l'élimination des gaz
- tonique et stimulante générale
- rôle antispasmodique
- fluidifie le sang
- favorise les règles
- efficace contre la douleur rhumatismale et articulaire (voie externe)

Mode d'utilisation : interne (principalement), externe (voir mise en garde)

Mise en garde : toxique pour le foie à haute dose, elle est à éviter chez les enfants et en cas de grossesse. Cette huile peut occasionner de graves brûlures de la peau et des muqueuses, aussi vous devez l'utiliser avec précaution en mode externe.

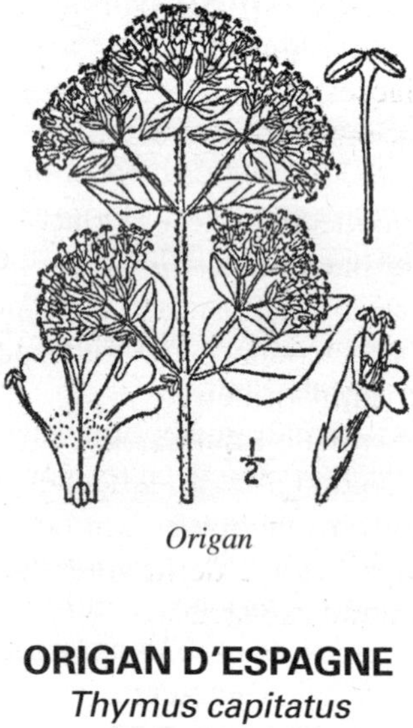

Origan

ORIGAN D'ESPAGNE

Thymus capitatus

Famille : lamiacées
Autre nom latin : *coridothymus capitatus*
Nom anglais : Spanish Oregano
Origine : Espagne
Partie utilisée : plante fleurie
Propriétés : – anti-infectieuse puissante, antibactérienne, antivirale, antimycosique et antiparasitaire
– action tonique générale puissante
Mode d'utilisation : interne, et externe avec précaution

Mise en garde : l'usage par la voie externe provoque souvent des brûlures de la peau.

ORIGAN VERT

Origanum heracleoticum

Famille : lamiacées
Autre appellation : origan de Grèce
Nom anglais : Green Oregano
Origine : bassin méditerranéen, France
Partie utilisée : plante fleurie
Propriétés : – action anti-infectieuse puissante, antibactérienne, antivirale, antimycosique et antiparasitaire
– stimule l'immunité
– action tonique générale
Mode d'utilisation : interne et externe
Mise en garde : l'usage de la voie externe provoque souvent des brûlures de la peau.

PALMA-ROSA

Cymbopogon martinii

Famille : poacées
Autre nom latin : *andropogon martinii*
Noms anglais : Palmarosa, Rosha grass
Autre appellation : gingergrass, géranium indien
Origine : Inde, Madagascar, Comores, Afrique
Partie utilisée : plante entière en fleur
Particularité : la variété *cymbopogon martinii*, var. *sofia* (ou Gingergrass), présente les mêmes propriétés.

Propriétés : – anti-infectieuse puissante (notamment urologique et intestinale), antibactérienne (notamment staphylocoque blanc), antivirale et antimycosique
– tonique cardiaque, utérin et neurologique
– action exceptionnelle de drainage du système lymphatique
– peut aider efficacement à se débarrasser de la cellulite
– aide à régénérer la flore intestinale
– régénère et hydrate la peau
– fait baisser la fièvre

Mode d'utilisation : externe et interne
Mise en garde : ne pas confondre avec *cymbopogon sofia* (herbe de gingembre) qui est de moins bonne qualité.

PANAIS

Pastinaca sativa

Famille : opiacées
Autre nom latin : *pastinaca sativa*, var. *pratensis*
Nom anglais : Wild Parsnip
Origine : Europe centrale et Europe du Sud
Parties utilisées : racine, plante entière
Propriétés : – antispasmodique puissante
– antiscléreuse

Mode d'utilisation : interne essentiellement
Mise en garde : toujours à utiliser avec précaution et sur une courte période. Demander conseil à un médecin en cas de réactions inattendues.

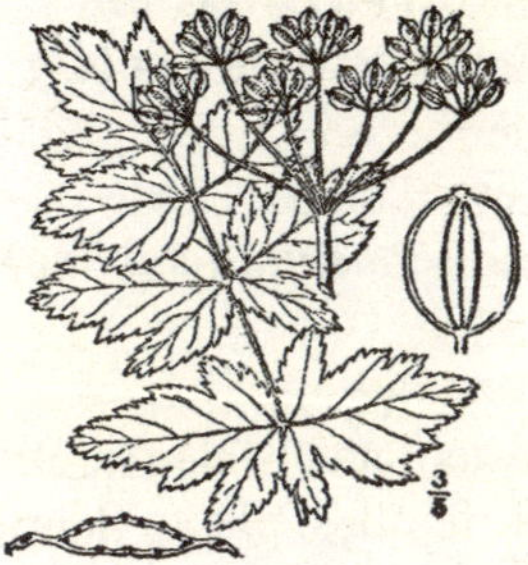

Panais

PAMPLEMOUSSIER

Citrus paradisii

Famille : rutacées
Nom anglais : Grapefruit
Origine : pourtour méditerranéen
Partie utilisée : zestes expressés
Particularité : l'huile essentielle s'oxyde très vite.
Propriétés :
- action antiseptique aérienne de premier plan
- diurétique
- détoxifiante
- s'oppose à la chute des cheveux
- action positive sur les peaux grasses

Mode d'utilisation : interne et externe (avec précaution)
Mise en garde : retenir l'effet photosensibilisant pour la peau lors de l'exposition au soleil.

PATCHOULI

Pogostemon cablin

Famille : lamiacées
Autres noms latins : *menthia cablin, pogostemon patchouly*
Nom anglais : Patchouly
Origine : Indonésie, Inde, Malaisie, Birmanie
Parties utilisées : feuilles, plante fleurie
Propriétés :
- anti-infectieuse et antiseptique
- antimycosique
- s'oppose aux putréfactions
- favorise la sécrétion gastrique
- rôle anti-inflammatoire et antiœdémateux
- action décongestionnante car favorise la circulation veineuse
- action cicatrisante
- tonifie le système nerveux à faible dose
- aide à faire baisser la fièvre
- éloigne les insectes

Mode d'utilisation : externe (essentiellement)
Mise en garde : retenir son effet sédatif à forte dose, voire stupéfiant (c'est-à-dire qu'elle diminue la sensibilité, et donc la réaction, à toute stimulation).

PERSIL FRISÉ

Petroselinum crispum

Famille : opiacées
Autres noms latins : *apium petroselinum, carum petroselinum, petroselinum hortense*

Nom anglais : Parsley
Origine : France
Partie utilisée : feuilles
Propriétés : – action diurétique notée
– antispasmodique puissante
– antiépileptique puissante
Mode d'utilisation : interne et externe
Mise en garde : sa toxicité est toujours à l'étude.

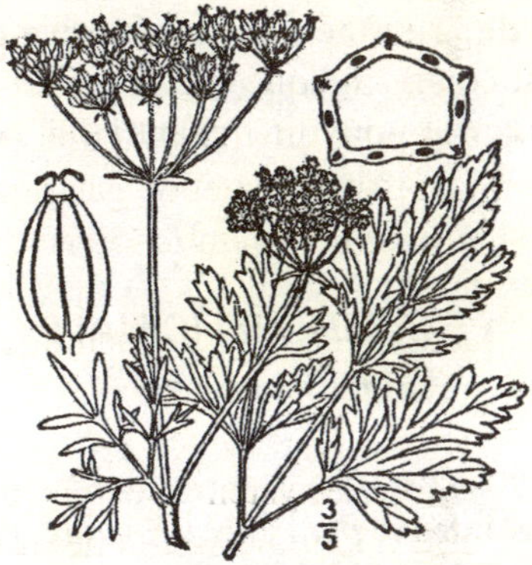

Persil frisé

PERSIL SIMPLE

Petroselinum sativum

Famille : opiacées
Autre nom latin : *petroselinum vulgare*
Nom anglais : Parsley
Origine : Europe, Grèce
Parties utilisées : semences, plante entière
Particularité : cette huile peut entrer dans la composition de certains parfums.

Propriétés : – antiseptique
– expectorante
– diurétique
– détoxifiante et décongestionnante
– tonique neurologique, musculaire et utérin
– favorise les règles
– antirhumatismale

Mode d'utilisation : interne et externe
Mise en garde : neurotoxique et abortive à forte dose, son usage est contre-indiqué chez l'enfant et la femme enceinte. Noter le pouvoir irritant pour la peau et les muqueuses.

PÉTASITE OFFICINALE

Petasites officinalis

Famille : astéracées
Autres noms latins : *petasites hybridus, petasites vulgaris, tussilago hybrida*
Noms anglais : Pestilence wort, Butterbur, Umbrella plant
Origine : Amérique du Nord (Arctique), Québec, Labrador
Partie utilisée : racine
Propriétés : – action expectorante
– antispasmodique puissante

Mode d'utilisation : interne et externe
Mise en garde : toujours à utiliser avec précaution et sur une courte période. Demander conseil à un médecin en cas de réactions inattendues.

Pétasite officinale

PETIT GRAIN BIGARADIER
(voir aussi **ORANGER AMER**)

Citrus aurantium var. *amara* o.p. feuilles

Famille : rutacées
Nom anglais : Petitgrain
Origine : pourtour méditerranéen, Paraguay, Haïti, Comores
Partie utilisée : feuilles
Propriétés : – anti-infectieuse et antibactérienne
– désodorisante
– anti-inflammatoire reconnue
– action antispasmodique puissante
– rééquilibrante nerveuse
Mode d'utilisation : interne et externe
Mise en garde : toujours à utiliser avec précaution et sur une courte période. Demander conseil à un médecin en cas de réactions inattendues.

PETIT GRAIN COMBAVA

Citrus hystrix

Famille : rutacées
Nom anglais : Kaffir lime
Autres appellations : combava, citronnier
Origine : pourtour méditerranéen
Parties utilisées : zeste (1), feuilles (2)
Propriétés :
- antiseptique et antibactérienne (1)
- anti-inflammatoire puissante (2)
- neurotonique (1)
- favorise le drainage du foie et de la vésicule (1)
- activité hormonale sur les fonctions génitales (1)
- sédative puissante (2)

Mode d'utilisation : interne, et externe avec précaution pour le (1)
Mise en garde : attention à l'utilisation du zeste sur la peau, car il peut entraîner une photosensibilisation lors de l'exposition au soleil.

PIN DES LANDES

Pinus pinaster

Famille : abiétacées
Autre nom latin : *pinus maritima*
Autre appellation : pin maritime
Noms anglais : Maritime pine, Cluster pine
Origine : sud de la France
Parties utilisées : branches et aiguilles (1), écorce (2), gomme résine (3)

Particularité : la gomme résine entre dans la composition du « Bol d'air Jacquier » (voir, à ce sujet, l'ouvrage de Laurence Salomon *Respirez la santé grâce au Bol d'air Jacquier*, éd. Grancher).

Propriétés :
- antiseptique puissante, elle désinfecte efficacement l'air ambiant (1) (3)
- expectorante (3)
- semble améliorer le transit intestinal
- action anti-inflammatoire (2)
- stimulante puissante et « oxygénante » (3)

Mode d'utilisation : principalement externe pour les huiles tirées de l'écorce (2) et de la gomme résine (3), interne avec modération pour l'huile provenant des branches et des aiguilles (1).

Mise en garde : la forme *pinus pinaster*, à partir de la résine (3) (térébenthine), est déconseillée, car elle est susceptible d'induire une réaction allergique. Mais globalement, il faut retenir pour toutes les formes la survenue possible d'une réaction locale, en application directe sur la peau.

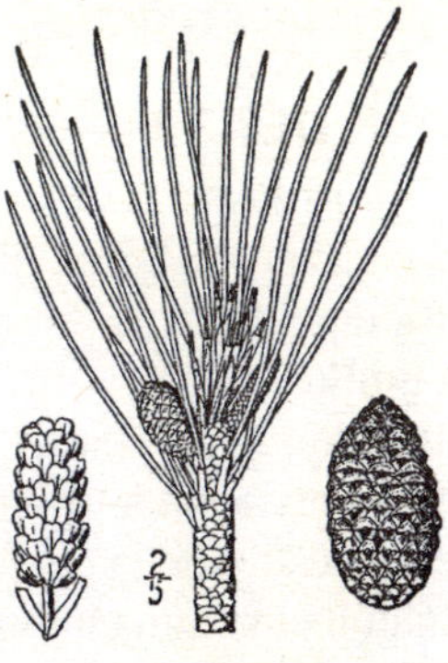

Pin des Landes

PIN DES MONTAGNES

Pinus mugo

Famille : abiétacées
Autres noms latins : *pinus montana, pinus pumilio*
Noms anglais : Mugo pine, Sylver Pine, White Pine, Mountain pine
Origine : sud de la France
Partie utilisée : aiguilles
Propriétés :
- anti-infectieuse, antiseptique aérienne pulmonaire et vésiculaire
- action contre les calculs biliaires
- légèrement anti-inflammatoire
- action antiarthrosique
- aurait une action positive contre l'impuissance

Mode d'utilisation : interne, évitez la voie externe
Mise en garde : à éviter en raison de sa toxicité pour la peau.

PIN LARICIO

Pinus nigra

Famille : abiétacées
Autre nom latin : *pinus laricio*
Noms anglais : black Pine, Austrian pine
Origine : Corse, Sicile et Calabre
Partie utilisée : aiguilles
Propriétés :
- antiseptique puissante
- décongestionne les poumons
- décongestionne la prostate
- tonique et stimulante
- action de drainage lymphatique

Mode d'utilisation : interne et externe
Mise en garde : toujours à utiliser avec précaution et sur une courte période. Demander conseil à un médecin en cas de réactions inattendues.

PIN SYLVESTRE

Pinus sylvestris

Famille : abiétacées
Noms anglais : Scotch pine, Norway Pine
Origine : Europe occidentale, Russie
Parties utilisées : aiguilles, bourgeons
Particularité : noter aussi une autre variété de pin, le pin jaune *(pinus ponderosa)*
Propriétés :
- désinfectante
- antimycosique
- expectorante
- stimule les fonctions hépatiques et pancréatiques
- neurotonique
- élève la tension artérielle
- action décongestionnante lymphatique
- stimule la corticosurrénale
- stimule la fonction sexuelle

Mode d'utilisation : interne et externe (à utiliser avec précaution sur la peau et les voies respiratoires)
Mise en garde : réactions allergiques possibles au niveau cutané

PITTOSPORUM

Pittosporum undulatum

Famille : pittosporacées
Noms anglais : Mock orange, Australian cheese wood, Orange-berry pittosporum, Victorian-box
Origine : Australie du Sud-Est, Jamaïque
Partie utilisée : feuilles
Propriétés :
- anti-infectieuse puissante
- antimycosique

Mode d'utilisation : interne et externe (à utiliser avec précaution sur la peau et les voies respiratoires)
Mise en garde : retenir son effet photosensibilisant en usage externe lors de l'exposition au soleil.

POIVRE NOIR

Piper nigrum

Famille : piperacées
Nom anglais : Black pepper
Origine : Madagascar
Partie utilisée : baies
Propriétés :
- expectorante
- stimule fortement les fonctions digestives gastriques, hépatiques et pancréatiques
- tonique circulatoire
- pouvoir réchauffant et asséchant
- action très efficace contre les douleurs dentaires
- aphrodisiaque
- s'oppose à la fièvre

Mode d'utilisation : interne et externe
Mise en garde : attention aux risques de brûlures de la peau et des muqueuses. Ne pas confondre cette huile avec celle extraite du poivre de Cayenne (ou paprika).

POIVRE ROSE

Schinus molle

Famille : anacardiacées
Autres noms latins : *schinus huygan, schinus polygamus, schinus dentatus, schinus dependens, amyris polygama*
Noms anglais : Pink pepper, Christmas berry-tree, California pepper tree, Peruvian peppertree, Peruvian mastictree
Origine : Amérique du Sud (Pérou, Brésil)
Partie utilisée : baies
Particularité : très proche du faux poivrier
Propriétés : – antiseptique
– action expectorante puissante
Mode d'utilisation : interne et externe
Mise en garde : toujours à utiliser avec précaution et sur une courte période. Demander conseil à un médecin en cas de réactions inattendues.

RAIFORT

Armoracia lapathifolia

Famille : brassicacées
Autres noms latins : *armoracia rusticana, cochlearia*

armoracia, nasturtium armoracia, radicula armoracia, rorripa armoracia

Nom anglais : horseradish

Origine : Europe

Partie utilisée : racine

Propriétés :
- induit une congestion locale
- assèche les sécrétions ORL et pulmonaires

Mode d'utilisation : externe exclusivement

Mise en garde : toujours à utiliser avec précaution et sur une courte période. Demander conseil à un médecin en cas de réactions inattendues.

Raifort

RAVENSARÉ ANISÉ

Ravensara anisata

Famille : lauracées
Nom anglais : Ravensara
Origine : Madagascar
Partie utilisée : écorce
Propriétés :
- tonique digestif
- stimule les fonctions hépatiques et biliaires
- facilite l'élimination des gaz
- antispasmodique
- décontractante musculaire
- favorise les règles
- facilite l'accouchement
- action positive sur l'allaitement
- tonique général (à faible dose)
- tonifie le cœur et les poumons

Mode d'utilisation : interne (sous prescription médicale), et externe
Mise en garde : retenir son effet stupéfiant (c'est-à-dire la diminution de la sensibilité, et donc de la réaction, à toute stimulation) et le risque de survenue d'accident hémorragique, à dose élevée. Son action hormonale importante de type œstrogénique la réserve à la prescription médicale, et la contre-indique en cas de grossesse et chez l'enfant. Des risques d'hémorragies, notamment au niveau intestinal en cas de surdosage, ont déjà été décrits.

RAVINTSARA

Cinnamomum camphora

Famille : lauracées
Autres noms latins : *laurus camphora, ravensara aromatisa*
Nom anglais : Camphortree
Autres appellations : noix de girofle, muscade de Madagascar, épice de Madagascar, quatre-épices, ravensaré aromatique
Origine : Madagascar
Partie utilisée : jeunes rameaux feuillus
Particularité : dénuée de toxicité, cette huile est l'une des rares à pouvoir être utilisée pure, même chez l'enfant.
Propriétés :
- anti-infectieuse générale, antibactérienne et antimycobactérienne
- traite efficacement les infections bronchiques du nez et des sinus
- antivirale très puissante
- immunostimulante
- expectorante puissante
- tonique cérébral et physique important
- décontractante musculaire
- améliore la qualité du sommeil
- antalgique

Mode d'utilisation : interne et externe (excellente tolérance cutanée)
Mise en garde : à utiliser néanmoins toujours avec précaution et sur une courte période. Demander conseil à un médecin en cas de réactions inattendues.

RHODODENDRON

Rhododendron anthopogon

Famille : éricacées
Nom anglais : Rhododendron
Origine : Népal, Inde, Chine, Bhutan
Partie utilisée : rameaux
Propriétés : – principalement utilisée en parfumerie
– apaiserait les douleurs rhumatismales
Mode d'utilisation : externe
Mise en garde : toujours à utiliser avec précaution et sur une courte période. Demander conseil à un médecin en cas de réactions inattendues.

ROMARIN

Rosmarinus officinalis

Famille : lamiacées
Nom anglais : Rosemary
Origine : pourtour méditerranéen (1), Corse (2), Provence et Languedoc (3)
Partie utilisée : rameaux fleuris
Particularités : selon la concentration de certains de ses composants, dépendant de la région où la plante a été récoltée, la spécificité du romarin varie. Soit elle est plus indiquée pour les voies respiratoires [romarin riche en cinéole (1)], soit elle se traduit par une action plus générale et équilibrée pour le romarin à taux d'α-pinène et verbénone majoritaires (2), ou enfin, elle peut être d'utilisation limitée pour le romarin où le camphre domine (3).
Propriétés : – anti-infectieuse variable, antibactérienne et antimycosique (1)

- antiparasitaire cutanée (1)
- immunostimulante (2)
- expectorante
- décongestionnante hépatique, (1) de préférence pour les enfants, (2) (3) pour tous
- stimule la sécrétion des enzymes pancréatiques (1)
- diurétique (2)
- calme les douleurs d'otite (1)
- dépurative sanguine (1)
- stimule le cortex surrénal
- anti-inflammatoire des voies aériennes (1)
- favorise les règles à faible dose (3)
- décontractante et relaxante musculaire à forte dose (3)
- favorise la transpiration (sudorifique)
- tonique général et cardiaque (3)
- antalgique (1) (3)
- antispasmodique digestif (1) (2)
- tonique circulatoire veineux et artériel (1) (2), ou purement veineux (3)
- tonique cérébral et antidépresseur (1) (2)
- action régénérante des muqueuses
- tonique musculaire (1)
- tonicardiaque et hypotenseur à faible dose, hypertenseur à dose moyenne (3)
- aurait une action régulatrice des fonctions génitales (2)

Mode d'utilisation : interne (2) et externe (1) (3)
Mise en garde : la toxicité du romarin riche en camphre doit retenir l'attention. Il est contre-indiqué chez les personnes hypertendues et épileptiques, ainsi qu'aux enfants et aux femmes enceintes.

ROSE (DE DAMAS, OU BULGARE)

Rosa damascena

Famille : rosacées
Autres noms latins : *rosa gallica, rosa moschata*
Nom anglais : Damask rose
Origine : Asie centrale, Chine
Partie utilisée : fleurs
Particularités : obtenue par la technique de la double distillation. L'huile essentielle est presque toujours falsifiée par l'adjonction d'huile essentielle de géranium ou de verveine des Indes. La variété *rosa centifolia*, ou rose de Provence, présente des propriétés identiques.
Propriétés :
- anti-infectieuse
- tonique général
- sédative nerveuse
- aphrodisiaque
- cicatrisante (aphte, gingivite)
- action antihémorragique

Mode d'utilisation : interne et externe
Mise en garde : à n'utiliser par voie interne qu'avec l'assurance d'une huile essentielle 100 % pure.

RUE ODORANTE

Ruta graveolens

Famille : rutacées
Noms anglais : Common rue, Rue
Origine : pourtour méditerranéen, Balkans
Partie utilisée : herbes fleuries
Propriétés :
- antiparasitaire cutanée puissante
- antispasmodique puissante

Mode d'utilisation : externe, interne à éviter
Mise en garde : très neurotoxique et abortive, elle est inscrite au tableau C de la pharmacopée (délivrée uniquement sur ordonnance médicale). Son usage est à proscrire.

SABINE

Juniperus sabina

Famille : cupressacées
Noms anglais : Savin, Savin juniper
Origine : Europe centrale, Europe du Sud, Sibérie, Caucase, Inde
Partie utilisée : rameau
Propriétés :
- antiparasitaire intestinale
- tonique digestif
- augmente l'excrétion de l'urée
- action antalgique puissante
- action coagulante

Mode d'utilisation : interne et externe
Mise en garde : son pouvoir abortif la contre-indique en cas de grossesse.

Sabine

SANTAL BLANC

Santalum album

Famille : santalacées
Noms anglais : Sandalwood (East Indian), White saunders
Origine : Inde, Indonésie, Chine
Parties utilisées : bois, racines séchées
Particularités : arbre sacré de l'Inde servant à fabriquer l'encens. Le santal de Mysore (Inde du Nord) présente la meilleure qualité. Globalement, le coût est élevé.
Propriétés :
- antiseptique pulmonaire, génital et urinaire
- expectorante
- diurétique
- tonique cardiaque important
- action tonique, calmante et antalgique
- décongestionnante lymphatique et veineuse puissante
- antispasmodique
- aphrodisiaque
- action antidépressive
- action régénérante sur la peau

Mode d'utilisation : interne et externe
Mise en garde : toujours à utiliser avec précaution et sur une courte période. Demander conseil à un médecin en cas de réactions inattendues.

SANTAL AMYRIS

Amyris balsamifera

Famille : rutacées
Autre appellation : santal des Indes occidentales

Noms anglais : Balsam torchwood, West Indian rosewood, West Indian sandalwood, Balsam amyris, Candlewood, Poison-ash
Origine : Amérique centrale, Caraïbes
Parties utilisées : bois, rameaux
Particularités : utilisée surtout comme parfum. Noter aussi une autre variété de santal : *santalum austrocaledonicum.*
Propriétés : – décongestionnante lymphatique et veineuse puissante
– tonique cardiaque
Mode d'utilisation : interne et externe
Mise en garde : toujours à utiliser avec précaution et sur une courte période. Demander conseil à un médecin en cas de réactions inattendues.

SANTOLINE

Santolina chamaecyparissus

Famille : astéracées
Autre appellation : petit cyprès
Nom anglais : Lavender cotton
Origine : France
Partie utilisée : rameaux fleuris
Propriétés : – anti-infectieuse et antimycosique
– antiparasitaire puissante
– expectorante
Mode d'utilisation : principalement interne, externe possible
Mise en garde : sa neurotoxicité et son pouvoir abortif la contre-indiquent chez l'enfant et la femme enceinte.

SAPIN

Abies alba (2)

Famille : abiétacées
Autres noms latins : *abies balsamea ou pinus balsamea* (1), *abies pectinata* (2), *abies sibirica ou abies sachalinensis* (3)
Noms anglais : Balsam fir ou Eastern fir (1), Sylver fir ou Christmastree (2), Siberian fir (3)
Origine : Canada, France, Russie, Balkans
Parties utilisées : aiguilles, jeunes rameaux
Particularités : noter une autre variété de sapin, le sapin géant : *abies grandis*
Propriétés :
- désinfecte les voies respiratoires (1) (2)
- désinfecte les voies urinaires (1)
- antiparasitaire (1)
- expectorante (2)
- stimule la fonction hépatique
- antispasmodique (1) (3)
- anti-inflammatoire (3)
- calme les douleurs musculaires et articulaires (1) (2)
- stimule les surrénales (1) (2)

Mode d'utilisation : interne [limité pour (1) et (2)], et externe
Mise en garde : se méfier d'une possible toxicité pour l'*abies pectinata* (ou *alba*) (2)

Sapin

SARRIETTE
Satureja montana

Famille : lamiacées
Autre appellation : sarriette des montagnes
Noms anglais : Winter savory, Savory
Origine : Maroc, Espagne, Balkans
Partie utilisée : rameaux feuillus
Particularités : ses propriétés sont à rapprocher de celles de l'origan, mais avec une toxicité moindre. La variété *satureja hortensis* (sarriette des jardins, Summer savory) possède sensiblement les mêmes propriétés.
Propriétés :
- anti-infectieuse majeure, antibactérienne, antivirale, antimycosique et antiparasitaire
- immunostimulante
- régularise le transit intestinal, antidiarrhéique
- facilite l'élimination des gaz
- favorise l'augmentation de la température du corps
- hypertensive
- tonique physique et neurologique
- action circulatoire notable
- antalgique en application locale

Mode d'utilisation : interne et externe
Mise en garde : réservée à la prescription médicale, cette huile doit être utilisée avec parcimonie en raison de sa toxicité hépatique. Il faut lui associer le romarin aux propriétés immunostimulantes, mais aussi régulatrices des fonctions hépatiques et biliaires. Son côté irritant, lorsqu'elle est pure, la contre-indique en application sur la peau, de même qu'en inhalation. Elle est bien sûr déconseillée chez la femme enceinte et l'enfant.

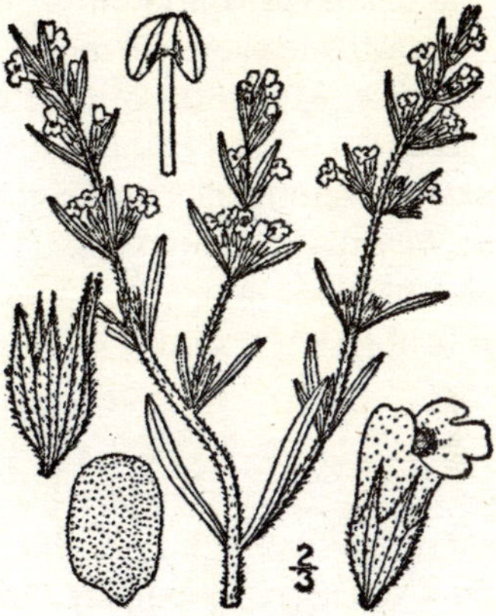

Sarriette

SASSAFRAS (DU BRÉSIL)

Sassafras albidum

Famille : lauracées
Autres noms latins : *ocotea pretiosa, laurus albida, laurus sassafras, sassafras officinale, sassafras variifolium*
Nom anglais : Sassafras
Origine : Vietnam, Mexique, Brésil
Parties utilisées : bois, racines
Propriétés :
- anti-infectieuse, antiseptique, antibactérienne et antivirale
- antiparasitaire cutanée
- assèche les sécrétions ORL et bronchiques
- facilite l'élimination des gaz
- action diurétique
- tonique général

- aide à la transpiration
- antalgique (voie cutanée)
- apaise les piqûres d'insectes
- aiderait à l'arrêt du tabac

Mode d'utilisation : interne et externe

Mise en garde : en raison de sa toxicité à forte dose, de son pouvoir abortif et de son action irritante pour les muqueuses, son utilisation doit s'effectuer sous avis médical.

Sassafras du Brésil

SAUGE D'ESPAGNE

Salvia lavandulaefolia

Famille : lamiacées
Autre nom latin : *salvia lavandulifolia*
Nom anglais : Spanish Sage
Origine : Espagne
Partie utilisée : plante fleurie
Particularité : la variété *salvia fructicosa* (sauge trilobée) possède sensiblement les mêmes qualités.

Propriétés : – antiseptique, anti-infectieuse puissante
– expectorante
– tonique général
– antalgique

Mode d'utilisation : interne (réservé à la prescription médicale) et externe (voie cutanée)

Mise en garde : son pouvoir hormonal puissant réserve son usage à la prescription médicale. Huile toxique, voire épileptisante à très forte dose, elle est réputée pour être abortive à dose élevée. Elle est aussi contre-indiquée chez un sujet hypertendu.

SAUGE OFFICINALE

Salvia officinalis

Famille : lamiacées
Noms anglais : Kitchen sage, Sage
Origine : Dalmatie, Grèce, Balkans
Parties utilisées : feuilles et fleurs

Particularité : sa présence joue le rôle d'herbicide puisque peu d'herbes poussent à ses côtés. De par son pouvoir œstrogénique, c'est l'huile essentielle féminine par excellence. La sauge des prés *(salvia pratensis)* possède les mêmes propriétés mais atténuées.

Propriétés : – anti-infectieuse puissante, antibactérienne, antimycosique et antivirale
– s'oppose aux putréfactions intestinales
– immunostimulante
– expectorante
– régule l'appétit
– stimule les sécrétions pancréatiques
– stimule la sécrétion biliaire

– améliore le transit intestinal
– action hypoglycémiante
– antispasmodique
– cicatrisante
– régularise et provoque les règles
– supprime la lactation
– s'oppose aux bouffées de chaleur
– s'oppose à la transpiration
– modère l'émotivité excessive
– améliore la circulation sanguine
– action positive sur les graisses cutanées
– modère l'excès de cholestérol circulant dans le sang par son action cholagogue et cholérétique
– diminue les sécrétions salivaires
– s'oppose à la fièvre
– anti-inflammatoire
– tonique psychique
– action analgésique au niveau des muqueuses
– antiarthritique
– antisclérosante
– action hormonale génitale

Mode d'utilisation : interne (réservé à la prescription médicale) et externe (voie cutanée)

Mise en garde : son pouvoir hormonal puissant réserve son usage à la prescription médicale. Huile toxique, voire épileptisante à très forte dose, elle est réputée pour être abortive à dose élevée. Elle est aussi contre-indiquée chez la personne sujette à l'hypertension.

Sauge officinale

SAUGE SCLARÉE

Salvia sclarea

Famille : lamiacées
Nom anglais : Europe sage, Clary sage, Clary
Origine : Europe méridionale, Afrique du Nord et Crimée
Partie utilisée : plante entière fauchée en pleine floraison
Particularité : de culture difficile car fragile, elle se laisse facilement envahir par les mauvaises herbes. À l'inverse de la sauge officinale, elle ne contient aucun élément biochimique toxique. De par son pouvoir œstrogénique, c'est une huile essentielle prescrite de préférence aux femmes jeunes.
Propriétés : – antiseptique et anti-infectieuse très modérée, antibactérienne, antimycosique

- tonique digestif
- action antidiabétique supposée
- diurétique
- favoriserait la baisse du taux de cholestérol circulant dans le sang
- antispasmodique, relaxante et antiépileptisante
- anti-inflammatoire
- déclenche les règles disparues et régularise les cycles
- adoucit les règles abondantes et douloureuses
- traite les écoulements vaginaux
- neurotonique et antidépressive
- aphrodisiaque
- hypertensive
- améliore la circulation veineuse
- cicatrisante
- action antirhumatismale

Mode d'utilisation : interne et externe

Mise en garde : bien que dénuée de toxicité, son pouvoir hormonal semblable aux œstrogènes réserve son usage, comme la sauge officinale, à la prescription médicale.

Sauge sclarée

SERPOLET

Thymus serpyllum

Famille : lamiacées
Autres noms latins : *thymus pulegioides, thymus praecox* (2)
Autre appellation : thym sauvage
Noms anglais : Wild Thyme, Lemon thyme, Large thyme, Creeping thyme (2)
Origine : Balkans
Partie utilisée : plante fleurie
Propriétés :
- antiseptique puissante, anti-infectieuse, antibactérienne, antivirale, antiparasitaire et antimycosique
- expectorante et antitussive
- stimule efficacement la sécrétion gastrique
- facilite l'élimination des gaz
- diurétique
- antispasmodique
- tonique général et neurologique
- favorise les règles
- action antalgique

Mode d'utilisation : interne et externe
Mise en garde : retenez sa toxicité pour la peau et l'irritation induite lors de l'application sur les muqueuses.

Serpolet

SKIMMIA

Skimmia laureola

Famille : rutacées
Autre appellation : thym sauvage
Nom anglais : Skimmia
Origine : Chine
Partie utilisée : feuille
Propriétés : – anti-infectieuse
– antispasmodique puissante (notamment bronchique et intestinale)
Mode d'utilisation : interne et externe
Mise en garde : toujours à utiliser avec précaution et sur une courte période. Demander conseil à un médecin en cas de réactions inattendues.

SOLIDAGE DU CANADA

Solidago canadensis

Famille : astéracées
Nom anglais : Canada goldenrod
Origine : Canada
Partie utilisée : herbe fleurie
Propriétés : – stimule la fonction hépatique
– action diurétique modérée
– anti-inflammatoire puissante
Mode d'utilisation : interne et externe
Mise en garde : toujours à utiliser avec précaution et sur une courte période. Demander conseil à un médecin en cas de réactions inattendues.

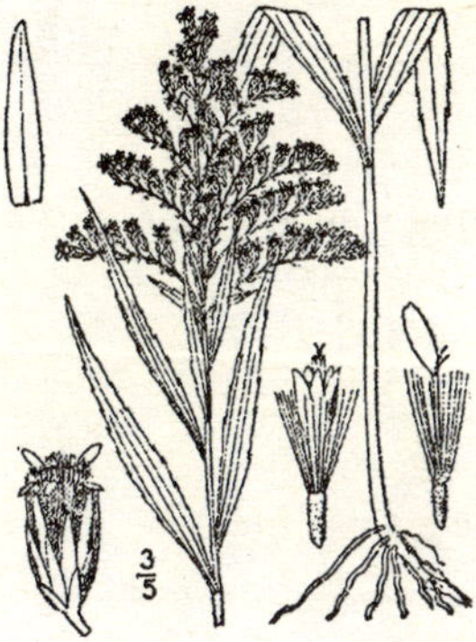

Solidage du Canada

SOLIDAGE PUBÉRULENT

Solidago puberula

Famille : astéracées
Nom anglais : Downy goldenrod
Origine : Canada
Partie utilisée : herbe fleurie
Propriétés : – anti-inflammatoire puissante
– action régénératrice vasculaire
– action décontractante
– tonique
Mode d'utilisation : interne et externe
Mise en garde : toujours à utiliser avec précaution et sur une courte période. Demander conseil à un médecin en cas de réactions inattendues.

Solidage pubérulent

SOUCHET ROND

Cyperus rotundus

Famille : cypéracées
Autres appellations : souchet à tubercules, herbe à oignon
Noms anglais : Nutgrass, Cocograss, Nutsedge, Tirirca, Musta
Origine : Papouasie, Nouvelle-Guinée, Surinam
Partie utilisée : rhizome
Particularité : la variété *cyperus scariosus* (extrait de la racine) présente une action tonique digestive appréciable et un effet décongestionnant. Elle serait neurotoxique et abortive.
Propriétés :
- antiparasitaire
- stimule fortement la sécrétion gastrique
- favorise les règles

Mode d'utilisation : interne et externe
Mise en garde : toujours à utiliser avec précaution et sur une courte période. Demander conseil à un médecin en cas de réactions inattendues.

Souchet rond

SOUCI

Calendula officinalis

Famille : cypéracées
Noms anglais : Pot marigold, Marigold, Ruddles, Calendula
Origine : pourtour méditerranéen
Partie utilisée : fleurs fraîches
Propriétés :
- régule les fonctions du foie et de la vésicule biliaire
- favorise le transit intestinal
- agit favorablement sur les règles irrégulières
- action antalgique
- améliore la circulation sanguine
- action anti-inflammatoire et cicatrisante au niveau de la peau
- action sédative sur le système nerveux
- stimule la circulation veineuse et lymphatique

Mode d'utilisation : interne et externe
Mise en garde : toujours à utiliser avec précaution et sur une courte période. Demander conseil à un médecin en cas de réactions inattendues.

STYRAX
Liquidambar orientalis

Famille : hamamélidacées
Autres appellations : Styrax d'Anatolie, Storax
Noms anglais : Oriental sweetgum, Storax
Origine : Turquie
Partie utilisée : gomme
Particularité : très bon fixateur pour les parfums. Le styrax fait aussi partie de la famille des altingiacées (synonyme d'hamamélidacées).
Propriétés : – antispasmodique puissante et antitussive
– décongestionnante
Mode d'utilisation : interne et externe
Mise en garde : toujours à utiliser avec précaution et sur une courte période. Demander conseil à un médecin en cas de réactions inattendues.

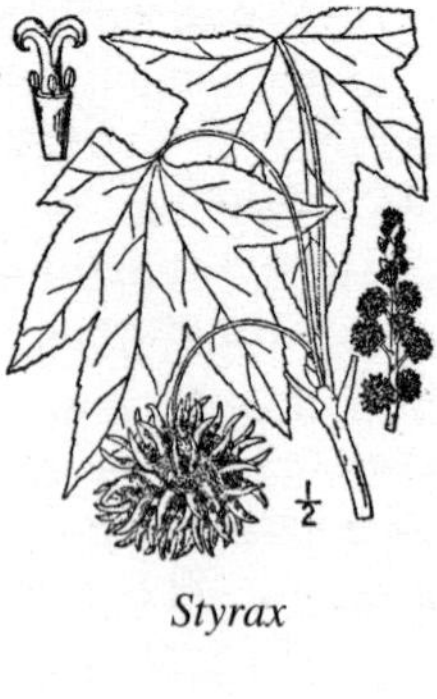

Styrax

SUGANDHA KOKILA

Cinnamomum glaucescens

Famille : lauracées
Autre nom latin : *cinnamomum polyandrum*
Noms anglais : Sugandha kokila, C. Nees berry oil
Origine : Inde
Partie utilisée : baies
Propriétés : – antispasmodique puissante
– anti-inflammatoire puissante
Mode d'utilisation : interne et externe
Mise en garde : toujours à utiliser avec précaution et sur une courte période. Demander conseil à un médecin en cas de réactions inattendues.

TAGÈTE GLANDULEUSE

Tagetes glandulifera

Famille : astéracées
Autre nom latin : *tagetes minuta, tagetes lucida, tagetes bonariensis, tagetes porophylla*
Noms anglais : Mexican mint, Mexican marigold, Wild marigold, Dwarf marigold, Khaki-bush, Muster John Henry
Origine : Mexique, Amérique du Sud, Inde, Madagascar
Partie utilisée : herbe fleurie
Propriétés : – anti-infectieuse, antimycosique et antiparasitaire intestinale puissante
– expectorante
– favorise les règles
– éloigne les insectes
Mode d'utilisation : interne et externe

Mise en garde : toujours à utiliser avec précaution et sur une courte période. Demander conseil à un médecin en cas de réactions inattendues.

TANAISIE ANNUELLE

Tanacetum annuum

Famille : astéracées
Autre appellation : tanaisie bleue ou chrysanthème
Nom anglais : Tansy
Origine : Maroc
Partie utilisée : plante fleurie
Propriétés :
- action anti-inflammatoire et antiœdémateuse très puissante
- action antalgique notée
- action calmante
- antiasthmatique
- fait baisser la tension
- tonique veineux
- effet antihistaminique puissant
- efficace contre le prurit
- aurait une action antileucémique

Mode d'utilisation : interne et externe
Mise en garde : en raison d'une activité hormonale supposée, son usage doit être soumis à un avis médical.

TANAISIE VULGAIRE

Chrysanthemum vulgare

Famille : astéracées
Autres noms latins : *tanacetum boreale, tanacetum vulgare, chrysanthemum uliginosum*

Nom anglais : Common tansy, Golden-buttons
Origine : Maroc
Partie utilisée : plante fleurie
Propriétés : – antiparasitaire intestinale puissante
– expectorante
Mode d'utilisation : interne et externe
Mise en garde : pouvoirs neurotoxiques et abortifs

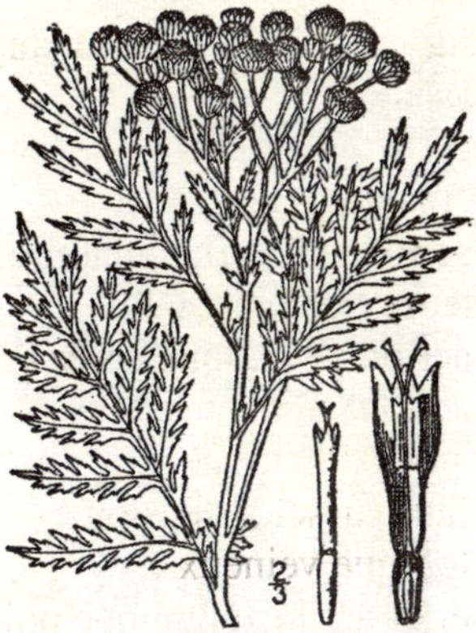

Tanaisie vulgaire

TÉRÉBENTHINE
(voir aussi **PIN DES LANDES**)
Pinus pinaster

Famille : abiétacées
Noms anglais : Terebinth, Turpentine free
Origine : sud de la France
Partie utilisée : résine
Propriétés : – désinfectante des voies respiratoires et urinaires

– action contre les parasites intestinaux
– expectorante
– calme les douleurs musculaires et articulaires

Mise en garde : voir pin des Landes

THUYA (occidental)

Thuja occidentalis

Famille : cupressacées
Noms anglais : Arborvitae, White-cedar
Origine : Chine, Canada
Partie utilisée : rameaux
Particularité : très riche en vitamine C
Propriétés :
- action anti-infectieuse et antivirale
- antiparasitaire intestinale
- expectorante
- action diurétique
- favorise les règles
- décongestionne la prostate
- antirhumatismale
- action efficace sur les verrues (voie externe)
- tonique (voie externe)
- tonique cardiaque
- des propriétés anticancéreuses sont évoquées

Mode d'utilisation : externe principalement. Voie interne avec beaucoup de prudence, et exclusivement réservée au corps médical.
Mise en garde : gardez à l'esprit sa toxicité en raison de sa forte teneur en cétone, ainsi que son pouvoir abortif qui le contre-indique en cas de grossesse.

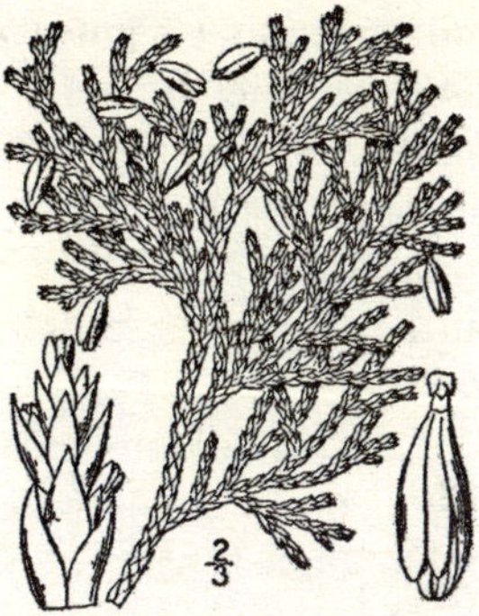

Thuya (occidental)

THYM

Thymus vulgaris

Famille : lamiacées
Nom anglais : Garden Thyme, Thyme
Autre appellation : thym rouge, appelé communément « farigoule » en Provence
Origine : pourtour méditerranéen
Partie utilisée : rameaux fleuris
Particularité : le thym aime les terrains secs et bien ensoleillés. Selon l'altitude où il est recueilli, il faut distinguer le thym le plus courant qui est riche, soit en carvacrol quand il est cueilli pas très loin de la mer ou en thymol (1) entre 300 et 500 m d'altitude, du thym distingué par sa concentration particulière en linalol (2), qui est ramassé entre 500 et 1 300 m d'altitude. Ce dernier est à préférer aux premiers dans les traitements anti-infectieux destinés aux enfants. Par ailleurs, il existe aussi un thym riche en géraniol (3) et un autre à paracymène majoritaire (4), et enfin un dernier à thujanol-4 (5).

Propriétés : – anti-infectieuse puissante, notamment pour les voies broncho-pulmonaires (1), antibactérienne (1) (2) (3) (5), antimycosique (2) (3), antivirale (2) (3) (5) et antiparasitaire (2)
- anti-infectieuse plus douce et générale (2)
- immunostimulante puissante (1) (2) (5)
- augmente le nombre de leucocytes circulant dans le sang
- expectorante, antitussive et antispasmodique (2)
- stimulante hépatique (5) et gastrique (1)
- action antidiabétique possible (5)
- régule l'appétit dans ses extrêmes (2)
- favorise la chasse biliaire
- dépuratif (1)
- facilite le drainage rénal (2)
- neurotonique, antiasthénique (1) (2) (3) (5)
- stimule le cortex surrénal
- tonique utérin (1) (2) (3)
- tonique cardiaque (1) (3)
- antiarthrosique (1)
- antalgique dans le domaine articulaire (1) (2) (4) (voie cutanée)
- tempère les réactions excessives (violence, peurs, pulsions sexuelles incontrôlées)
- antisclérosante (1)
- cicatrisante

Mode d'utilisation : interne et externe (associé à des huiles végétales) (1), interne et externe (2)

Mise en garde : il faut retenir qu'à haute dose, le thym présente une toxicité pour le foie, sans oublier, d'une manière générale, son action irritante, voire allergisante pour la peau en application locale, ainsi que l'irritation importante des voies aériennes en cas d'inhalation. Toujours à utiliser avec précaution et sur une courte période. Demander conseil à un médecin en cas de réactions inattendues.

THYM D'ESPAGNE

Thymus mastichina, var. *cineolifera*

Famille : lamiacées
Nom anglais : Spanish Thyme
Origine : Espagne
Partie utilisée : sommités fleuries
Propriétés :
- action antiseptique, anti-infectieuse, antivirale et antibactérienne
- expectorante

Mode d'utilisation : interne et externe
Mise en garde : toujours à utiliser avec précaution et sur une courte période. Demander conseil à un médecin en cas de réactions inattendues.

THYM SATURÉIOÏDE

Thymus satureioides,
var. *borneol-carvacroliferum*

Famille : lamiacées
Nom anglais : Thyme (borneol)
Origine : France, Espagne

Parties utilisées : sommités fleuries
Propriétés :
- anti-infectieuse, antibactérienne, antivirale et antiparasitaire
- régulatrice de l'immunité puissante
- tonique puissant et antiasthénique
- aphrodisiaque puissante
- tonique utérin

Mode d'utilisation : interne et externe
Mise en garde : agression légère de la peau en usage externe. Contre-indication en cas de grossesse.

VALÉRIANE DES INDES
Valeriana wallichii

Famille : valerianacées
Nom anglais : Indian Valerian
Origine : Inde
Partie utilisée : racine
Propriétés :
- action tonique veineuse
- neurotonique

Mode d'utilisation : interne et externe
Mise en garde : réservée à la prescription médicale

VALÉRIANE JAPONAISE
Valeriana officinalis, var. *latifolia*

Famille : valerianacées
Autre nom latin : *valeriana dageletiana*
Nom anglais : Japonese Valerian
Autre appellation : kesso
Origine : Chine, Japon
Partie utilisée : racine

Propriétés : – sédative puissante et tranquillisante
– fait baisser la température

Mode d'utilisation : interne et externe

Mise en garde : réservée à la prescription médicale

VALÉRIANE OFFICINALE

Valeriana officinalis

Famille : valerianacées

Noms anglais : Garden valerian, Common valerian, Garden-heliotrope, Valerian

Origine : Chine, Japon

Partie utilisée : racine

Particularité : utilisée fréquemment comme parfum

Propriétés : – favorise la sécrétion gastrique
– diurétique
– sédative puissante et tranquillisante
– antispasmodique et hypnotique
– fait baisser la température

Mode d'utilisation : interne et externe

Mise en garde : réservée à la prescription médicale. À utiliser à faible dose en raison de son pouvoir dépresseur sur le système nerveux central.

Valériane officinale

VERGE D'OR

Solidago virga aurea

Famille : astéracées
Autre nom latin : *solidago multiradiata* var. *artica*
Noms anglais : Artic goldenrod, Aaron's rod
Origine : Canada
Partie utilisée : plante fleurie
Propriétés : – stimule la fonction hépatique
– action diurétique modérée
– anti-inflammatoire puissante
Mode d'utilisation : interne et externe
Mise en garde : toujours à utiliser avec précaution et sur une courte période. Demander conseil à un médecin en cas de réactions inattendues.

VERGERETTE DU CANADA

Coniza canadensis

Famille : astéracées
Autres noms latins : *erigeron canadensis, leptilon canadense*
Noms anglais : Canadian horseweed, Hogweed, Butterweed
Origine : Canada
Partie utilisée : plante fleurie
Particularité : la variété *coniza bonariensis* (vergerette de Naudin) possède les mêmes propriétés, avec une action peut-être plus forte sur le retard pubertaire.
Propriétés : – stimule les fonctions hépatiques et pancréatiques
– action antispasmodique puissante notamment au niveau coronarien

– action efficace sur le retard pubertaire des deux sexes
– action antirhumatismale puissante

Mode d'utilisation : interne et externe

Mise en garde : en raison de son action hormonale, cette huile doit être réservée à la prescription médicale.

Vergerette du Canada

VERVEINE DES INDES

Cymbopogon citratus

Famille : poacées
Autre nom latin : *andropogon citratus*
Nom anglais : Lemongrass
Origine : Inde, Brésil
Partie utilisée : feuilles fraîches

Particularité : le lemongrass, ou *cymbopogon flexuosus*, présente les mêmes propriétés.
Propriétés : – antiseptique
– stimulante digestive efficace
– tonique général
– action fortement apaisante
– améliore la circulation sanguine
– anti-inflammatoire puissante, elle réduirait les infections secondaires aux piqûres d'insectes

Mode d'utilisation : interne, et externe (voie aérienne, éventuellement cutanée)
Mise en garde : souvent vendue à la place du *lippia citriodora* qui lui est très supérieur. Il faut aussi retenir la survenue possible de réaction allergique et irritante cutanée en usage externe. Toujours à utiliser avec précaution et sur une courte période. Demander conseil à un médecin en cas de réactions inattendues.

VERVEINE ODORANTE
Lippia citriodora

Famille : verbénacées
Autres noms latins : *aloysia triphylla, aloysia citriodora, lippia triphylla*
Noms anglais : Lemon beebrush, Lemon-verbena, Vervain, Verbena
Autre appellation : verveine citronnée
Origine : Maroc
Partie utilisée : feuilles
Propriétés : – anti-infectieuse aléatoire, antibactérienne, antimycobactérienne, antiparasitaire

– tonique digestif
– stimule les fonctions pancréatiques et vésiculaires
– action positive sur les calculs biliaires
– anti-inflammatoire puissante
– calme les douleurs
– sédative puissante
– stimule la fonction splénique
– neurotonique
– stimule les fonctions ovariennes et testiculaires
– aurait une action sur les fonctions hormonales thyroïdiennes et pancréatiques
– s'oppose à la fièvre

Mode d'utilisation : interne, et externe avec prudence
Mise en garde : garder en mémoire le risque de photosensibilisation lors des expositions au soleil, en usage externe.

VÉTYVER

Vetiveria zizanioides

Famille : poacées
Autres noms latins : *anatherum zizanioides, phalaris zizanioides, chrysopogon zizanioides, andropogon muricatus*
Nom anglais : Vetivergrass
Autres appellations : vétiver, chiendent des Indes, huile de la tranquillité (Inde)
Origine : Comores, Haïti, île de la Réunion, Caraïbes
Partie utilisée : racines
Propriétés : – antiseptique
– stimule les défenses immunitaires

– stimule les fonctions hépatiques et pancréatiques
– action tonique
– action apaisante
– agirait favorablement sur la production des globules rouges
– améliore la circulation sanguine artérielle et veineuse
– favorise les règles

Mode d'utilisation : externe et interne
Mise en garde : toujours à utiliser avec précaution et sur une courte période. Demander conseil à un médecin en cas de réactions inattendues.

YLANG-YLANG

Cananga odorata

Famille : anonacées
Autres noms latins : *uvaria odorata, canangium odaratum, unona odorantissimum*
Noms anglais : Ylang-ylang, Ilang-ilang
Origine : Madagascar, Comores, Philippines, Java, Sumatra
Partie utilisée : fleurs
Particularité : la variété *cananga odorata*, *macrophylla*, en dehors d'une activité antispasmodique puissante et équilibrante, présente une propriété de tonique sexuel.
Propriétés :
– antiseptique intestinale
– action antiparasitaire (notamment cutanée)
– aurait une action antidiabétique
– antispasmodique
– hypotensive

– calme les palpitations
– agit contre les douleurs notamment d'origine cancéreuse
– action anti-inflammatoire
– aphrodisiaque
– améliore l'humeur dépressive

Mode d'utilisation : essentiellement externe, interne possible

Mise en garde : toujours à utiliser avec précaution et sur une courte période. Demander conseil à un médecin en cas de réactions inattendues.

ZANTHOXYLE

Zanthoxylum rhesta

Famille : rutacées
Nom anglais : Zanthoxylum
Origine : Népal, Amérique du Nord
Partie utilisée : fruits
Particularités : noter l'existence d'une autre variété : *zanthoxyllum armatum*
Propriétés : – anti-infectieuse
– action sédative
– anti-inflammatoire

Mode d'utilisation : interne et externe

Mise en garde : toujours à utiliser avec précaution et sur une courte période. Demander conseil à un médecin en cas de réactions inattendues.

ZDRAVETS

Geranium macrorrhizum

Famille : géraniacées
Nom anglais : Bigroot geranium
Origine : Balkans
Partie utilisée : feuilles
Propriétés : – expectorante
– assèche les sécrétions
– agit fortement contre les graisses cutanées
– action antitumorale puissante
Mode d'utilisation : interne et externe
Mise en garde : ses pouvoirs neurotoxiques et abortifs la contre-indiquent chez l'enfant et la femme enceinte.

ZÉDOAIRE

Curcuma zedoaria

Famille : zingibéracées
Autre nom latin : *amomum zedoaria*
Noms anglais : Zedoary, Yunnan plume ginger, White turmeric, Kua
Origine : Inde
Partie utilisée : rhizome
Propriétés : – tonique digestif
– facilite l'élimination des gaz
Mode d'utilisation : interne et externe
Mise en garde : ses pouvoirs neurotoxiques et abortifs la contre-indiquent chez l'enfant et la femme enceinte.

Lexique français-latin

ABSINTHE : *artemisia absinthium*, var. *thujonifera*
ABSINTHE AFRICAINE : *artemisia afra* ou *artemisia cetonifera*
ACHE DES MONTAGNES : voir LIVÈCHE
ACHILLÉE MILLEFEUILLE : *achillea millefolium*
ACORE VRAI : voir CALAMUS
AIL : *allium sativum*
AJOWAN : *carum copticum* ou *trachyspermum ammi* ou *ammi copticum*
AMANDIER AMER : *prunus amygdalus*, var. *amara*
AMANDIER DOUX : *prunus amygdalus,* var. *dulcis*
AMBRETTE : *hibiscus abelmoschus* ou *abelmoschus moschatus*
AMMI : *ammi visnaga* ou *visnaga daucoides*
ANETH : *anethum graveolens*
ANGÉLIQUE ARCHANGÉLIQUE : *angelica archangelica*
ANGÉLIQUE GLAUQUE : *angelica glauca*
ANGOSTURE : *cusparia trifoliata*
ANIS ÉTOILÉ : voir BADIANE
ANIS VERT : *pimpinella anisum*
ANSERINE VERMIFUGE : voir CHÉNOPODE
AQUILARIA : *aquilaria agallocha*
ARMOISE ANNUELLE : *artemisia annua*
ARMOISE ARBORESCENTE : *artemisia arborescens*
ARMOISE HERBE BLANCHE : *artemisia herba alba*, var. *thujonifera* et var. *davanonifera*
AŞA-FÉTIDE : *ferula asa-foetida* ou *ferula foetida*
AUNÉE : *inula helenium*

BADIANE : *illicium verum*
BALSAMITE : *chrysanthemum balsamita*
BASILIC : *ocimum basilicum*, var. *basilicum*
BAUME DE TOLU : *myroxylon balsamum*
BAUME DU PÉROU : *myroxylon*

balsamum, var. *pereirae* ou *toluifera pereira* ou *myrosperum pereira*
BAY : *pimenta officinalis*, *pimenta dioica* (ou *pimenta pimenta*) et *pimenta racemosa (pimenta acris)*
BENJOIN : *styrax benzoe* ou *styrax benjoin*
BERGAMOTIER : *citrus bergamia* ou *citrus aurantium*, var. *bergamia*
BIGARADIER : voir ORANGER AMER
BOIS DE ROSE : *aniba rosaeodora* ou *aniba parviflora*
BOIS DE SIAM : *fokienia hodginsii*
BOLDO : *peumus boldus*
BORNÉOL : *dryobalanops aromatica* ou *dryobalanops camphora*
BOULEAU : *betula alba* ou *betula odorata* ou *betula pendula* ou *betula pubescens*
BUCCO : voir BUCHU
BUCFIU : *agathosma betulina* ou *barosma betulina*
BUPLÈVRE : *bupleurum arborescens* ou *bupleurum fructicosum*

CABREUVA : *myrocarpus fastigiatus*
CADIER : *juniperus oxycedrus*
CAJEPUTIER : *melaleuca cajuputii*
CALAMENT NÉPÉTA : *calamintha nepeta*
CALAMENT SYLVESTRE : *calamintha sylvatica*
CALAMUS : *acorus calamus*
CAMOMILLE ROMAINE (ou NOBLE) : *chamaemelum nobile* ou *anthemis nobilis*
CAMOMILLE SAUVAGE : *ormenis mixta* ou *ormenis multicaulis* ou *anthemis mixta* ou *chamaemelum mixtum*
CAMPHRE DE BORNEO : voir BORNEOL
CAMPHRIER : *cinnamomum camphora* ou *laurus camphora* ou *camphora camphora*
CANANGA : voir YLANG-YLANG
CANNELIER DE CEYLAN : *cinnamomum zeylanicum* ou *cinnamomum verum*
CANNELIER DE CHINE : *cinnamomum cassia*
CARDAMOME : *elettaria cardamomum* ou *amomum cardamomum*
CAROTTE : *daucus carota*, var. *sativa*
CARVI : *carum carvi*
CASCARILLE : *croton eluteria*
CATAIRE CITRONNÉE : *nepeta cataria*
CEDRATIER : *citrus medica*, var. *vulgaris*
CÈDRE DE L'ATLAS (ou DE L'ATLANTIQUE) : *cedrus atlantica*
CÉLERI : *apium graveolens*

CHANVRE DOUX : *cannabis sativa*
CHÉNOPODE AMBROISIE : voir CHÉNOPODE ANTIHELMINTHIQUE
CHÉNOPODE ANTIHELMINTHIQUE : *chenopodium ambrosioides*
CHÉNOPODE BLANC : voir CHÉNOPODE ANTIHELMINTHIQUE
CHRYSANTHÈME : voir TANAISIE
CISTE LADANIFÈRE : *cistus ladaniferus*
CITRON JAUNE : *citrum limonum* (ou *citrus limonum*), *citrum limonum, citrus limonia, citrus taitensis*
CITRONELLE DE CEYLAN : *cymbopogon nardus* ou *andropogon nardus*
CITRONNELLE : voir MÉLISSE OFFICINALE
CITRONNELLE DE JAVA : *cymbopogon winterianus*
CITRONNIER : voir PETIT GRAIN COMBAVA
CLOCIMUM : *ocimum gratissimum*, var. *eugenoliferum* ou *ocimum viride*
COMBAVA : voir PETIT GRAIN COMBAVA
COPAHIER : voir COPAHU
COPAHU : *copaifera officinalis*
CORIANDRE DOUX : *coriandrum sativum*
COSTUS : *aucklandia lappa, saussurea costus, saussurea lappa, aucklandia costus*
CRITHME MARINE : *crithmum maritimum*
CRYPTOMÈRE : *cryptomeria japonica, cupressus japonica* ou *taxodium japonica* (1), *cryptomeria kawaii* ou *cryptomeria mairei* ou *cupressus mairei* (2)
CUBÈBE : *piper cubeba*
CUMIN : *cuminum cyminum* ou *cuminum odorum*
CURCUMA : *curcuma longa* ou *curcuma domestica*
CUSPARE : voir ANGOSTURE
CYPRÈS : *cupressus sempervirens*
CYPRÈS BLEU D'ARIZONA : *cupressus arizonica*

DAVANA : *artemisia pallens*
DOUGLAS : *pseudotsuga menziesii* ou *pseudotsuga douglasii* ou *pseudotsuga mucronata*

ÉLÉMI (DE MANILLE) : *canarium luzonicum*
ENCENS : *boswellia frereana, boswellia carterii*
ÉPICÉA : *tsuga canadensis*
ÉPINETTE NOIRE : *picea mariana*
ÉRIOCÉPHALÉE : *eriocephalus punctulatus*
ESTRAGON : *artemisia dracunculus*
EUCALYPTUS, var. *citriodora* : *eucalyptus citriodora*

EUCALYPTUS, var. *dives*: *eucalyptus dives*
EUCALYPTUS, var. *globulus*: *eucalyptus globulus*
EUCALYPTUS, var. *polybractea*: *eucalyptus polybractea*, var. *cryptonifera*
EUCALYPTUS, var. *radiata*: *eucalyptus radiata*

FAGARA: *fagara schinifolia*, ou *zanthoxylum piperitum*
FAUX POIVRIER: *schinus terebenthifolius*
FENOUIL DOUX: *foeniculum vulgare* ou *foeniculum capillaceum*, var. *dulce*, ou *foeniculum foeniculum*
FÉRULE GOMMEUSE: voir GALBANUM

GAÏAC: *guajacum* officinale
GALANGA: *alpinia galanga* (Galanga des Indes), *alpinia officinarum* (Galanga de Chine)
GALBANUM: *ferula galbaniflua*, ou *ferula gummosa*
GATTILIER: *vitex agnus castus*
GAULTHÉRIE: *gaultheria procumbens*
GAYAC: *bulnesia sarmienti*
GENÉVRIER COMMUN: *juniperus communis*
GENÉVRIER DU MEXIQUE: *juniperus mexicana*
GÉRANIUM ROSAT (ou ODORANT): *pelargonium asperum*, ou *P. graveolens*, ou *P. odorantissimum*
GERMANDRÉE GLAUQUE: *teucrium flavum*
GERMANDRÉE MARITIME: *teucrium marum*, var. *dolichodialiferum*
GINGEMBRE: *zingiber officinale*, *amomum zingiber*, *zingiber zingiber*
GINGERGRASS: voir PALMAROSA
GIROFLIER: *eugenia caryophyllata*, *syzygium aromaticum*, *caryophyllus aromaticus*, *eugenia caryophyllus*
GRANDE CAMOMILLE: *chrysanthemum parthenium*, *tanacetum parthenium*, *matricaria parthenium*
GURJUM: *dipterocarpus turbinatus*

HEDYCHIUM: *hédychium acuminatum*
HÉLICHRYSE (VERTE): *helichrysum italicum*, *helichrysum angustifolium*
HERNANDIA: *hernandia voyronii*
HOUBLON: *humulus lupulus*
HYSOPE: *hyssopus officinalis*
INULE ODORANTE: *inula graveolens*, *dittrichia graveolens*, *erigeron graveolens*

INULE VISQUEUSE: *inula viscosa*, *cupularia viscosa*, *dittrichia viscosa*

IRIS : *iris pallida*

JABORANDI : *pilocarpus jaborandi*
JASMIN : *jasminum officinale, J. grandiflorum, J. odoratissimum*
JATAMANSI : voir NARD DE L'HIMALAYA

KATRAFAY : *cedrelopsis grevei*
KESSO : voir VALÉRIANE JAPONAISE
KHELLA : voir AMMI

LANTANE : *lantana camara, lantana aculeata, lantana tilifolia*
LANYANA : voir ABSINTHE AFRICAINE
LASER DE FRANCE : *laserpitium gallicum*
LAURIER D'APOLLON (ou NOBLE ou SAUCE) : *laurus nobilis*
LAVANDE ASPIC : *lavandula spica, lavandula latifolia*
LAVANDE OFFICINALE : *lavandula vera, L. officinalis, L. angustifolia*
LAVANDE STOECHADE : *lavandula stoechas*
LAVANDIN ABRIAL : *lavandula hybrida, lavandula burnatii*
LEDON DU GROENLAND : voir LÉDUM
LÉDUM : *ledum groenlandicum*
LEMON-GRASS : voir VERVEINE DES INDES
LENTISQUE PISTACHIER : *pistacia lentiscus*
LEPTOSPERME CITRONNÉ : *leptospermum petersonii, L. citratum*
LIMETIER : voir LIMETTE
LIMETTE : *citrus aurantifolia, C. latifolia, C. limetta, Limonia aurantifolia*
LINALOÉ : *bursera delpechiana, bursera delphinium, elophium graveolens*
LITSEE (CITRONNÉE) : *litsea cubeba, litsea citrata*
LIVÈCHE : *levisticum officinalis*

MAGNOLIA : *michelia alba*
MAMMEA : *mammea longifolia*
MANDARINIER : *citrus reticulata, citrus nobilis*
MANUKA : *leptospermum scoparium*
MARJOLAINE (À COQUILLES) : *origanum majorana, majorana hortensis, majorana majorana*
MARJOLAINE SYLVESTRE : *thymus mastichina*
MASSOÏA : *cryptocarya massoia*
MATRICAIRE : *chamomilla recutita, matricaria chamomilla, matricaria recutita*
MÉLALEUQUE BLANC : *melaleuca leucadendron*
MÉLALEUQUE : *melaleuca alternifolia, leptospermum*

flavescens, leptospermum polygalifolium
MÉLÈZE : *larix decidua, larix europaea*
MÉLISSE OFFICINALE : *melissa officinalis*
MENTHE BERGAMOTE : *mentha citrata, M. aquatica, M. palustris, M. piperita* var. *citrata, M. piperi* var. *citrata*
MENTHE DES CHAMPS : *mentha arvensis, M. canadensis, M. gentilis, M. glabrior, M. penardii*
MENTHE NANAH : voir MENTHE VERTE
MENTHE POIVRÉE : *mentha piperata*, var. *spicata, M. aquatica*, var. *crispa, M. crispa, M. dumetorum*
MENTHE POULIOT : *mentha pulegium, pulegium vulgare*
MENTHE SUAVE : *mentha suaveolens, mentha rotundifolia*
MENTHE SYLVESTRE : *mentha longifolia, M. sylvestris, M. cordifolia*
MENTHE VERTE : *mentha spicata, mentha viridis*
MILLEPERTUIS : *hypericum perforatum*
MONARDE FISTULEUSE : *monarda fistulosa*, var. *geraniolifera*
MOUTARDE NOIRE : *brassica nigra, brassica juncea, Sinapis nigra*
MUSCADIER : *myristica fragrans, nux Machata, myristica officinalis*
MYRIQUE BAUMIER : *myrica gale, gale palustris, myrica tomentosa*
MYRRHE AMÈRE : *commiphora molmol, commiphora opobalsamum, amyris gileadensis, amyris opobalsamum*
MYRRHE DOUCE : *commiphora erythraea, commiphora myrrha, commiphora habessinica, balsamodendrum habessinicum*
MYRTE COMMUN : *myrtus communis*

NARD (DE L'HIMALAYA) : *nardostachys jatamansi, aralia racemosa*
NÉROLI BIGARADIER (voir aussi ORANGER AMER) : *citrus aurantium* var. *amura* o.p. fleurs, *citrus bigaradia* o.p. fleurs
NIAOULI : *melaleuca quinquenervia, melaleuca viridiflora*
NIGELLE DE DAMAS : *nigella damascena*

OIGNON : *allium cepa*
OLIBAN : voir ENCENS
OPOPANAX (FAUX) : voir MYRRHE DOUCE
OPOPANAX VÉRITABLE : *opopanax chironium, pastinaca opopanax*

ORANGER AMER : *citrus aurantium* var. *amara*, *citrus bigaradia*

ORANGER DOUX : *citrus sinensis*, *citrus aurantium* var. *sinensis*, *citrus macracantha*

ORIGAN D'ESPAGNE : *coridothymus capitatus*, *thymus capitatus*

ORIGAN VERT : *origanum heracleoticum*

ORIGAN : *origanum compactum*, *origanum vulgare*

ORMENIE : voir CAMOMILLE SAUVAGE

PALMA-ROSA : *cymbopogon martinii*, *andropogon martinii*

PAMPLEMOUSSIER : *cirrus paradisii*

PANAIS : *pastinaca sativa*, *pastinaca sativa* var. *pratensis*

PARTHENELLE : voir GRANDE CAMOMILLE

PATCHOULI : *pogostemon cablin*, *mentha cablin*, *pogostemon patchouly*

PÉMOU : voir BOIS DE SIAM

PERSIL FRISÉ : *petroselinum crispum*, *apium petroselinum*, *carum petroselinum*, *petroselinum hortense*

PERSIL SIMPLE : *petroselinum sativum*, *petroselinum vulgare*

PÉTASITE OFFICINALE : *petasites officinales*, *petasites hybridus*, *petasites vulgaris*, *tussilago hybrida*

PETIT GRAIN BIGARADIER (voir aussi ORANGER AMER) : *citrus aurantium* var. *amara* o.p. feuilles

PETIT GRAIN COMBAVA : *citrus hystrix*

PETIT GRAIN MANDARINIER : voir MANDARINIER

PIN DES LANDES : *pinus pinaster*, *pinus maritima*

PIN DES MONTAGNES : *pinus mugo*, *pinus montana*, *pinus pumilio*

PIN LARICIO : *pinus laricio*, *pinus nigra*

PIN SYLVESTRE : *pinus sylvestris*

PITTOSPORUM : *pittosporum undulatum*

POIVRE NOIR : *piper nigrum*

POIVRE ROSE : *schinus molle*, *S. huygan*, *S. polygamus*, *S. dentatus*, *S. dependens*, *amyris polygama*

POIVRE ROUGE : voir BAY

PRUCHE : voir ÉPICEA

RAIFORT : *armoracia lapathifolia*, *armoracia rusticana*, *cochlearia armoracia*, *nasturtium armoracia*, *radicula armoracia*, *rorripa armoracia*

RAVENSARÉ ANISÉ : *ravensara anisata*

RAVENSARÉ AROMATIQUE : voir RAVINTSARA

RAVINTSARA : *ravensara aromatica, cinnamomum camphom, laurus camphora*

RHODODENDRON : *rhododendron anthopogon*

ROMARIN : *rosmarinus officinalis*

ROSE (DE DAMAS, ou BULGARE) : *rosa damascena, rosa gallica, rosa moschata*

RUE ODORANTE : *ruta graveolens*

SABINE : *juniperus sabina*

SANTAL AMYRIS : *amyris balsamifera*

SANTAL BLANC : *santalum album*

SANTOLINE : *santolina chamaecyparissus*

SAPIN DE DOUGLAS : voir DOUGLAS

SAPIN : *abies balsamea (pinus balsamea), abies pectinata (abies alba), abies sibirica (abies sachalinensis)*

SARRIETTE : *satureja montana*

SASSAFRAS (DU BRÉSIL) : *sassafras albidum, ocotea pretiosa, laurus albida, laurus sassafras, sassafras officinale, sassafras variifolium*

SAUGE D'ESPAGNE : *salvia lavandulaefolia, salvia lavandulifolia*

SAUGE OFFICINALE : *salvia officinalis*

SAUGE SCLARÉE : *salvia sclarea*

SERPOLET : *thymus serpyllum, thymus pulegioides, thymus praecox*

SKIMMIA : *skimmia laureola*

SOLIDAGE DU CANADA : *solidago canadensis*

SOLIDAGE PUBÉRULENT : *solidago puberula*

SOUCHET ROND : *cyperus rotundus*

SOUCI : *calendula officinalis*

STYRAX (ou STORAX) : *liquidambar orientalis*

SUGANDHA KOKILA : *cinnamomum glaucescens, cinnamomum polyandrum*

TAGETE GLANDULEUSE : *tagetes glandulifera, T. minuta, T. lucida, T bonariensis, T. porophylla*

TANAISIE ANNUELLE : *tanacetum annuum*

TANAISIE VULGAIRE : *chrysanthemum vulgare, tanacetum boreale, tanacetum vulgare, chrysanthemum uliginosum*

TEATREE : voir MELALEUQUE

TÉRÉBENTHINE (voir aussi PIN DES LANDES) : *pinus pinaster*

THÉ DU LABRADOR : voir LÉDUM THUYA (OCCIDENTAL) : *thuja occidentalis*

THYM D'ESPAGNE : *thymus mastichina*, var. *cineolifera*
THYM SATURÉIOÏDE : *thymus satureioides*, var. *borneol-carvacroliferum*
THYM : *thymus vulgaris*

VALÉRIANE DES INDES : *valeriana wallichii*
VALÉRIANE JAPONAISE : *valeriana officinalis* var. *latifolia, valeriana dageletiana*
VALÉRIANE OFFICINALE : *valeriana officinalis*
VERGE D'OR : *solidago virga aurea, solidago multiradiata* var. *artica*
VERGERETTE DU CANADA : *coniza canadensis, erigeron canadensis, leptilon canadense*
VERVEINE DES INDES : *cymbopogon citratus, andropogon citratus*
VERVEINE ODORANTE (ou CITRONNÉE) *lippia citriodora, aloysia triphylla, aloysia citriodora, lippia triphylla*
VÉTYVER (ou VÉTIVER) : *vetiveria zizanioides, andropogon muricatus, anatherum zizanioides, phalaris zizanioides, chrysopogon zizanioides*

WINTERGREEN : voir GAULTHÉRIE

YLANG-YLANG : *cananga odorata, unona odorantissimum, uvaria odorata, canangium odaratum*

ZANTHOXYLE : *zanthoxylum rhesta*
ZDRAVETS : *geranium macrorrhizum*
ZÉDOAIRE : *curcuma zedoaria, amomum zedoaria*

Lexique latin-français

Abelmoschus moschatus : AMBRETTE
Abies alba : SAPIN
Abies balsamea : SAPIN
Abies pectinata : SAPIN
Abies sachalinensis : SAPIN
Abies sibirica : SAPIN
Achillea millefolium : ACHILLÉE MILLEFEUILLE
Acorus calamus : CALAMUS, ACORE VRAI
Agathosma betulina : BUCHU, BUCCO
Allium capa : OIGNON
Allium sativum : AIL
Aloysia citriodora : VERVEINE ODORANTE (ou CITRONNÉE)
Aloysia triphylla : VERVEINE ODORANTE (ou CITRONNÉE)
Alpinia galanga : GALANGA DES INDES
Alpinia officinarum : GALANGA DE CHINE
Ammi copticum : AJOWAN
Ammi visnaga : AMMI, KHELLA
Amomum cardamomum : CARDAMOME
Amomum zedoaria : ZÉDOAIRE
Amomum zingiber : GINGEMBRE
Amyris balsamifera : SANTAL AMYRIS
Amyris gileadensis : MYRRHE AMÈRE
Amyris opobalsamum : MYRRHE AMÈRE
Amyris polygama : POIVRE ROSE
Anatherum zizanioides : VÉTIVER (ou VÉTYVER)
Andropogon citratus : VALÉRIANE DES INDES
Andropogon citratus : VERVEINE DES INDES
Andropogon martinii : PALMA-ROSA
Andropogon muricatus : VÉTIVER (ou VÉTYVER)
Andropogon nardus : CITRONNELLE DE CEYLAN
Anethum graveolens : ANETH
Angelica archangélique :

ANGÉLIQUE ARCHANGÉLIQUE
Angelica glauca : ANGÉLIQUE GLAUQUE
Aniba parviflora : BOIS DE ROSE
Aniba rosaeodora : BOIS DE ROSE
Anthemis mixta : CAMOMILLE SAUVAGE, ORMÉNIE
Anthemis nobilis : CAMOMILLE ROMAINE (ou NOBLE)
Apium graveolens : CÉLERI
Apium petroselinum : PERSIL FRISÉ
Aquilaria agallocha : AQUILARIA
Aralia racemosa : NARD DE L'HIMALAYA, JATAMANSI
Armoracia lapathifolia : RAIFORT
Armoracia rusticana : RAIFORT
Artemisia absinthium, var. *thujonifera :* ABSINTHE (À THUJONE)
Artemisia afra : ABSINTHE AFRICAINE
Artemisia annua : ARMOISE ANNUELLE
Artemisia arborescens : ARMOISE ARBORESCENTE
Artemisia cetonifera : ABSINTHE AFRICAINE
Artemisia dracunculus : ESTRAGON
Artemisia herba alba, var. *davanonifera :* ARMOISE HERBE BLANCHE
Artemisia herba alba, var. *thujonifera :* ARMOISE HERBE BLANCHE
Artemisia pallens : DAVANA
Aucklandia costus : COSTUS
Aucklandia lappa : COSTUS

Balsamodendrum habessinicum : MYRRHE DOUCE
Barosma betulina : BUCHU, BUCCO
Betula alba : BOULEAU
Betula odorata : BOULEAU
Betula pendula : BOULEAU
Betula pubescens : BOULEAU
Boswellia carterii : ENCENS (ou OLIBAN)
Boswellia frereana : ENCENS (ou OLIBAN)
Brassica juncea : MOUTARDE NOIRE
Brassica nigra : MOUTARDE NOIRE
Bulnesia sarmienti : GAYAC
Bupleurum arborescens : BUPLÈVRE
Bupleurum fructicosum : BUPLÈVRE
Bursera delpechiana : LINALOE
Bursera delphinium : LINALOE

Calamintha nepeta : CALAMENT NEPETA
Calamintha sylvatica : CALAMENT SYLVESTRE
Calendula officinalis : SOUCI
Camphora camphora : CAMPHRIER
Cananga odorata : YLANG-YLANG

Canangium odoratum : YLANG-YLANG

Canarium luzonicum : ÉLÉMI (DE MANILLE)

Cannabis sativa : CHANVRE DOUX

Carum carvi : CARVI

Carum copticum : AJOWAN

Carum petroselinum : PERSIL FRISÉ

Caryophyllus aromaticus : GIROFLIER

Cedrelopsis grevei : KATRAFAY

Cedrus atlantica : CÈDRE DE L'ATLAS ou DE L'ATLANTIQUE

Chamaemelum mixtum : CAMOMILLE SAUVAGE, ORMÉNIE

Chamaemelum nobile : CAMOMILLE ROMAINE (ou NOBLE)

Chamomilla recutita : MATRICAIRE

Chenopodium ambrosioides : CHÉNOPODE, ANSÉRINE VERMIFUGE

Chrysanthemum balsamita : BAISAMITE

Chrysanthemum parthenium : GRANDE CAMOMILLE (ou PARTHENELLE)

Chrysanthemum vulgare : TANAISIE VULGAIRE

Chrysopogon zizanioides : VÉTIVER (ou VÉTYVER)

Cinnamomum camphora : RAVINTSARA, RAVENSARÉ AROMATIQUE

Cinnamomum camphora : CAMPHRIER

Cinnamomum cassia : CANNELIER DE CHINE

Cinnamomum glaucescens : SUGANDHA KOKILA

Cinnamomum varum : CANNELIER DE CEYLAN

Cinnamomum zeylanicum : CANNELIER DE CEYLAN

Cinnamomum polyandrum : SUGANDHA KOKILA

Cistus ladaniferus : CISTE LADANIFÈRE

Citrum limonum : CITRON JAUNE

Citrus aurantifolia : LIMETTE, LIMETIER

Citrus aurantium, var. *amara* o.p. feuilles : PETIT GRAIN BIGARADIER (voir aussi ORANGER AMER), NÉROLI

Citrus aurantium, var. *amara :* ORANGER AMER (ou BIGARADIER)

Citrus aurantium, var. *sinensis :* ORANGER DOUX

Citrus aurantium, var. *bergamia :* BERGAMOTIER

Citrus bergamia : BERGAMOTIER

Citrus bigaradia o.p. fleurs : NÉROLI

Citrus bigaradier : ORANGER AMER (ou BIGARADIER)

Citrus hystrix : PETIT GRAIN COMBAVA (ou CITRONNIER)

Citrus latifolia : LIMETTE, LIMETIER

Citrus limetta : LIMETTE, LIMETIER
Citrus limonia : CITRON JAUNE
Citrus limonum : CITRON JAUNE
Citrus macracantha : ORANGER DOUX
Citrus medica, var. *vulgaris :* CÉDRATIER
Citrus nobilis : MANDARINIER
Citrus paradisii : PAMPLEMOUSSIER
Citrus reticulata : MANDARINIER
Citrus sinensis : ORANGER DOUX
Citrus taitensis : CITRON JAUNE
Cochlearia armoracia : RAIFORT
Commiphora erythraea : MYRRHE DOUCE
Commiphora habessinica : MYRRHE DOUCE
Commiphora molmol : MYRRHE AMÈRE
Commiphora myrrha : MYRRHE DOUCE
Commiphora opobalsamum : MYRRHE AMÈRE
Coniza canadensis : VERGERETTE DU CANADA
Copaifera officinalis : COPAHU (ou COPAHIER)
Coriandrum sativum : CORIANDRE DOUX
Coridothymus capitatus : ORIGAN D'ESPAGNE
Crithmum maritimum : CRITHME MARINE
Croton eluteria : CASCARILLE
Cryptocarya massoia : MASSOÏA
Cryptomeria japonica : CRYPTOMÈRE
Cryptomeria kawaii : CRYPTOMÈRE
Cryptomeria mairei : CRYPTOMÈRE
Cuminum cyminum : CUMIN
Cuminum odorum : CUMIN
Cupressus arizonica : CYPRÈS BLEU D'ARIZONA
Cupressus japonica : CRYPTOMÈRE
Cupressus mairei : CRYPTOMÈRE
Cupressus sempervirens : CYPRÈS
Cupularia viscosa : INULE VISQUEUSE
Curcuma domestica : CURCUMA
Curcuma longa : CURCUMA
Curcuma zedoaria : ZÉDOAIRE
Cusparia trifoliata : ANGOSTURE
Cymbopogon citratus : VERVEINE DES INDES
Cymbopogon citratus : VALÉRIANE DES INDES
Cymbopogon martinii : PALMA-ROSA
Cymbopogon nardus : CITRONNELLE DE CEYLAN
Cymbopogon winterianus : CITRONNELLE DE JAVA
Cyperus rotundus : SOUCHET ROND

Illicium verum : BADIANE, ANIS ÉTOILÉ
Inula graveolens : INULE ODORANTE
Inula helenium : AUNÉE
Inula viscosa : INULE VISQUEUSE
Iris pallida : IRIS

Jasminum grandiflorum : JASMIN
Jasminum odorantissimum : JASMIN
Jasminum officinale : JASMIN
Juniperus communis : GENÉVRIER COMMUN
Juniperus mexicana : GENÉVRIER DU MEXIQUE
Juniperus oxycedrus : CADIER
Juniperus sabina : SABINE

Lantana aculeata : LANTANE
Lantana camara : LANTANE
Laurana tiliifolia : LANTANE
Larix decidua : MÉLÈZE
Larix europaea : MÉLÈZE
Laserpitium gallicum : LASER DE FRANCE
Laurus albida : SASSAFRAS DU BRÉSIL
Laurus camphora : CAMPHRIER, RAVINTSARA, RAVENSARÉ AROMATIQUE
Laurus nobilis : LAURIER D'APOLLON (ou NOBLE, ou SAUCE)
Laurus sassafras : SASSAFRAS DU BRÉSIL
Lavandula officinalis : LAVANDE OFFICINALE
Lavandula angustifolia : LAVANDE OFFICINALE
Lavandula burnatii : LAVANDIN ABRIAL
Lavandula hybrida : LAVANDIN ABRIAL
Lavandula latifolia : LAVANDE ASPIC
Lavandula spica : LAVANDE ASPIC
Lavandula stoechas : LAVANDE STOECHADE
Lavandula vera : LAVANDE OFFICINALE
Ledum groenlandicum : LÉDUM (ou LEDON DU GROENLAND)
Leptilon canadense : VERGERETTE DU CANADA
Leptospermum citratum : LEPTOSPERME CITRONNÉ
Leptospermum flavescens : MÉLALEUQUE, TEA TREE
Leptospermum petersonii : LEPTOSPERME CITRONNÉ
Leptospermum polygalifolium : MÉLALEUQUE, TEA TREE
Leptospermum scoparium : MANUKA
Levisticum officinalis : LIVÈCHE
Limonia aurantifolia : LIMETTE *ou* LIMETIER
Lippia citriodora : VERVEINE ODORANTE (ou CITRONNÉE)
Lippia triphylla : VERVEINE ODORANTE (ou CITRONNÉE)
Liquidambar orientalis : STYRAX *ou* STORAX

Myrica tomentosa : MYRIQUE BAUMIER
Myristica fragrans : MUSCADIER
Myristica officinalis : MUSCADIER
Myrocarpus fastigiatus : CABREUVA
Myrasperum pereira : BAUME DU PÉROU
Myroxylon balsamum : BAUME DE TOLU
Myroxylon balsamum, var. *pereirae :* BAUME DU PÉROU
Myrtus communis : MYRTE COMMUN

Nardostachys jatamansi : NARD DE L'HIMALAYA, ou JATAMANSI
Nasturtium armoracia : RAIFORT
Nepeta cataria : CATAIRE CITRONNÉE
Nigella damascena : NIGELLE DE DAMAS
Nux machata : MUSCADIER

Ocimum basilicum, var. *basilicum :* BASILIC
Ocimum gratissimum, var. *eugenoliferum :* CLOCIMUM
Ocimum viride : CLOCIMUM
Ocotea pretiosa : SASSAFRAS DU BRÉSIL
Opopanax chironium : OPOPANAX VÉRITABLE
Origanum compactum : ORIGAN
Origanum heracleoticum : ORIGAN VERT
Origanum majorana : MARJOLAINE À COQUILLES
Origanum vulgare : ORIGAN
Ormenis mixta : CAMOMILLE SAUVAGE, ORMÉNIE
Ormenis multicaulis : CAMOMILLE SAUVAGE, ORMÉNIE

Pastinaca opopanax : OPOPANAX VÉRITABLE
Pastinaca sativa, var. *pratensis :* PANAIS
Pelargonium asperum : GÉRANIUM ROSAT (ou ODORANT)
Pelargonium graveolens : GÉRANIUM ROSAT (ou ODORANT)
Pelargonium odorantissimum : GÉRANIUM ROSAT (ou ODORANT)
Petasites hybridus : PÉTASITE OFFICINALE
Petasites officinalis : PÉTASITE OFFICINALE
Petasites vulgaris : PÉTASITE OFFICINALE
Petroselinum crispum : PERSIL FRISÉ
Petroselinum hortense : PERSIL FRISÉ
Petroselinum sativum : PERSIL SIMPLE
Petroselinum vulgare : PERSIL SIMPLE
Peumus boldus : BOLDO

Phalaris zizanioides : VÉTIVER (*ou* VÉTYVER)
Picea mariana : ÉPINETTE NOIRE
Pilocarpus jaborandi : JABORANDI
Pimenta dioica (ou *pimenta pimenta*) : BAY
Pimenta officinalis : BAY
Pimenta racemosa (pimenta acris) : BAY
Pimpinella anisum : ANIS VERT
Pinus laricio : PIN LARICIO
Pinus maritima : PIN DES LANDES
Pinus montana : PIN DES MONTAGNES
Pinus mugo : PIN DES MONTAGNES
Pinus nigra : PIN LARICIO
Pinus pinaster : TÉRÉBENTHINE (voir aussi PIN DES LANDES)
Pinus pinaster : PIN DES LANDES
Pinus pumilio : PIN DES MONTAGNES
Pinus sylvestris : PIN SYLVESTRE
Piper cubeba : CUBÈBE
Piper nigrum : POIVRE NOIR
Pistacia lentiscus : LENTISQUE PISTACHIER
Pittosporum undulatum : PITTOSPORUM
Pogostemon cablin : PATCHOULI
Pogostemon patchouly : PATCHOULI
Prunus amygdalus, var. *amara* : AMANDIER AMER
Prunus amygdalus, var. *dulcis* : AMANDIER DOUX
Pseudotsuga douglasii : DOUGLAS
Pseudotsuga menziesii : DOUGLAS
Pseudotsuga mucronata : DOUGLAS
Pulegium vulgare : MENTHE POULIOT

Radicula armoracia : RAIFORT
Ravensara anisata : RAVENSARÉ ANISÉ
Ravensara aromatica : RAVINTSARA ou RAVENSARÉ AROMATIQUE
Rhododendron anthopogon : RHODODENDRON
Rorripa armoracia : RAIFORT
Rosa damascena : ROSE DE DAMAS, ou BULGARE
Rosa gallica : ROSE DE DAMAS, ou BULGARE
Rosa moschata : ROSE DE DAMAS, ou BULGARE
Rosmarinus officinalis : ROMARIN
Ruta graveolens : RUE ODORANTE

Salvia lavandulaefolia (ou *salvia lavandulifolia)* : SAUGE D'ESPAGNE
Salvia officinalis : SAUGE OFFICINALE
Salvia sclarea : SAUGE SCLARÉE

Lexique français-anglais

ABSINTHE (À THUJONE) : Wormwood, Sagebrush, Mugwort, Sagewort, Absinth
ABSINTHE AFRICAINE : African wormwood
ACHILLÉE MILLEFEUILLE : Milfoil, Common Yarrow
AIL : Garlic
AJOWAN : Carum ajowan, Thyme oil white, Ajwain, Ajowan caraway
AMANDIER AMER : Bitter almond
AMANDIER DOUX : Sweet almond
AMBRETTE HIBISCUS : Ambrette, Musk okra, Musk mallow, Sunset hibiscus, Marshmallow
AMMI : Toothpickweed
ANETH : Dill
ANGÉLIQUE ARCHANGÉLIQUE : Angelica
ANGÉLIQUE GLAUQUE : Angelica
ANGOSTURE : True angostura, Cusparia bark
ANIS VERT : Anise, Sweet-cumin, Anise burnet saxifrage
ANSÉRINE VERMIFUGE : voir CHÉNOPODE
AQUILARIA : Aquilaria
ARMOISE ANNUELLE : Sweet Annie, Annual Wormwood oil, Sweet sagewort
ARMOISE ARBORESCENTE : Great Mugwort, Arborescent mugwort, Artemisia
ARMOISE HERBE BLANCHE : Mugwort
ASA-FÉTIDE : Asafetida
AUNÉE : Elecampane inula, Yellow starwort

BADIANE ou ANIS ÉTOILÉ : Star anise, Staranise tree
BALSAMITE : Costmary mint, Bible leaf
BASILIC : Sweet Basil
BAUME DE TOLU : Balsamo, Balsam of Tolu
BAUME DU PÉROU : Peru balsam
BAY : Bay leaves, Allspice (pour *Pimenta dioica*),

Bayrumtree (pour *Pimenta racemosa*)
BENJOIN : Siam benzoin, Gum Benjamin, Sumatra benzoin, Palembang benzoin
BERGAMOTIER : Bergamot orange
BIGARADIER : voir ORANGER AMER
BOIS DE ROSE : Rosewood
BOIS DE SIAM : Siam wood
BOLDO : Boldus leaf, Boldo leaf
BORNÉOL : Borneo camphorwood, Kapur, Keladan
BOULEAU : Birch bud, Downy birch
BUCHU (ou BUCCO) : Round buchu, Bucco, Bookoo, Bucku
BUPLÈVRE : Bupleure, Thoroughwax, Hare's ear, Thorowax

CABREUVA : Cabreuva wood
CADIER : Cade oil, Juniper tar oil
CAJEPUTIER : Cajeput
CALAMENT NÉPÉTA : Lesser calamint, Nepitella
CALAMENT SYLVESTRE : Woodland calamint, Basil thyme, Mountain balm, Mountain mint, Mill mountain, Calamint
CALAMUS ou ACORE VRAI : Calamus
CAMOMILLE ROMAINE ou NOBLE : Roman chamomile
CAMOMILLE SAUVAGE ou ORMÉNIE : Chamomile oil, Weedy dogfennel
CAMPHRE DE BORNÉO : voir BORNÉOL
CAMPHRIER : Camphortree
CANNELIER DE CEYLAN : Cinnamon
CANNELIER DE CHINE : Cinnamon
CARDAMOME : Cardamom
CAROTTE : Carrot
CARVI : Caraway
CASCARILLE : Cascarilla, Amber kabug, Sweet-wood tree
CATAIRE CITRONNÉE : Catnip
CÉDRATIER : Citron
CÈDRE DE L'ATLAS ou DE L'ATLANTIQUE : Cedarwood
CÉLERI : Wild Celery
CHANVRE DOUX : Marijuana, Hemp
CHÉNOPODE : Mexican tea, Wormseed
CHRYSANTHÈME : voir TANAISIE ANNUELLE
CISTE LADANIFÈRE : Rockrose
CITRON JAUNE : Mandarin lime
CITRONNELLE : voir MÉLISSE OFFICINALE
CITRONELLE DE CEYLAN : Citronella grass, Nardus, Nard grass, Mana grass
CITRONNELLE DE JAVA : Java citronella
CITRONNIER : voir PETIT GRAIN COMBAVA
CLEMENTINE : voir ORANGER AMER

CLOCIMUM : Wild basil, Clove basil, Tree basil, African basil
COPAHIER : voir COPAHU
COPAHU : Copaiba basalm, Copal
CORIANDRE DOUX : Coriander
COSTUS : Costus, Aucklandia
CRITHME MARINE : Samphire
CRYPTOMÈRE : Japanese Cedar, Japanese Redwood, Peacock Pine, Japanese Cypress
CUBÈBE : Cubeb pepper, Sugandha mirchi
CUMIN : Cumin
CURCUMA : Common Turmeric
CYPRÈS BLEU D'ARIZONA : Blue cypress
CYPRÈS (TOUJOURS VERT) : Italian cypress, Mediterranean cypress

DAVANA : Davana
DOUGLAS (SAPIN DE) : Douglas-Fir

ÉLÉMI (DE MANILLE) : Elemi, Kenari tree
ENCENS : Frankincense-olibanum, Elemi frankincense
ÉPICÉA : Eastern hemlock, Canadian hemlock, Hemlock spruce
ÉPINETTE NOIRE : Black Spruce
ÉRIOCÉPHALÉE : Cape chamomile
ESTRAGON : Tarragon
EUCALYPTUS, var. *citriodora* : Lemonscented gum
EUCALYPTUS, var. *dives* : Tasmanian bluegum
EUCALYPTUS, var. *globulus* : Tasmanian bluegum
EUCALYPTUS, var. *polybractea* : Tasmanian bluegum
EUCALYPTUS, var. *radiata* : Tasmanian bluegum

FAGARA : Sichuan pepper, Japonese pepper, Hua jiao
FAUX POIVRIER : Brazilian pepper
FENOUIL DOUX : Sweet Fennel

GAÏAC : Common Lignum vitae
GALANGA : Siamese ginger, Galangale, Henriette's pics
GALBANUM : Galbanum
GATTILIER : Chastetree, Agnus-Castus
GAULTHÉRIE : Wintergreen, Eastern teaberry
GAYAC : Gaiacwood, Balsamo
GENÉVRIER COMMUN : Common Juniper
GENÉVRIER DU MEXIQUE : Mexican Juniper
GÉRANIUM ROSAT (ou ODORANT) : Sweet scented geranium, Rose-scent geranium
GERMANDRÉE GLAUQUE : Germander
GERMANDRÉE MARITIME : Cat thyme, Marum
GINGEMBRE : Garden ginger

GIROFLIER : Clove tree, Clove
GRANDE CAMOMILLE : Feverfew
GURJUM : Garjan oil tree, Dau con quay

HÉDYCHIUM : Ginger lily
HÉLICHRYSE (VERTE) : Helichrysum, Strawflower
HERNANDIA : Hemandia
HOUBLON : Common hop
HYSOPE : Hyssop

INULE ODORANTE : Inul, Sweet-flowering heads, Stinkwort, Camphor inula, Stinkweed, Cape khakiweed
INULE VISQUEUSE : Sticky fleabane, False yellowhead
IRIS : Sweet Iris, Orris

KATRAFAY : Katrafy
KHELLA : voir AMMI

JABORANDI : Jaborandi, Indian hemp, Pernambuco jaborandi
JASMIN : Poet's Jasmin
JATAMANSI : voir NARD
LANTANE : Lantana, Shrub verbena, Wild-sage
LASER DE FRANCE : Laserpitium
LAURIER D'APOLLON (ou NOBLE, ou SAUCE) : Sweet Bay, Laurel, Bay laurel
LAVANDE ASPIC : Lavender
LAVANDE OFFICINALE : English Lavender
LAVANDE STOECHADE : French Lavender
LAVANDIN ABRIAL : Lavandin
LEDON DU GROENLAND : voir LÉDUM
LEDUM : Bog labrador tea
LENTISQUE PISTACHIER : Evergreen pistache, Mastic tree
LEPTOSPERME CITRONNÉ : Lemonscented tea tree
LIMETTE (ou LIMETIER) : Key Lime, Mexican lime, Swingle lime, Bitter orange *(Citrus limetta)*
LINALOE : Linaloe wood oil, Mexican linaloe oil
LITSÉE (CITRONNÉE) : Litsea
LIVÈCHE : Garden Lovage

MAGNOLIA : Magnolia, Michelia alba
MAMMEA : Mammey tree
MANDARINIER : Tangerine
MANUKA : New Zealand Tea tree
MARJOLAINE (À COQUILLES) : Sweet Marjoram
MARJOLAINE SYLVESTRE : Marjoram
MASSOÏA : Massoia bark
MATRICAIRE : German Chamomile
MÉLALEUQUE : Tea tree
MÉLALEUQUE BLANC : White tea free, Cajeput fine leaf, Punktree, Melaleuca, Broadleaf paperbark, Paperbark tea tree
MÉLÈZE : European Larchtree
MÉLISSE OFFICINALE : Common balm, Lemon balm

MENTHE BERGAMOTE : Bergamot Mint, Water Mint
MENTHE DES CHAMPS : Corn Mint, Wild Mint, Field Mint
MENTHE POIVRÉE : Peppermint
MENTHE POULIOT : Hedeoma, Pennyroyal
MENTHE SUAVE : Apple mint
MENTHE SYLVESTRE : Habek Mint
MENTHE VERTE : Spearmint
MILLEPERTUIS : Common St John's wort, Klamathweed, Goatweed
MONARDE FISTULEUSE : Wild monarda, Wild Bergamot, Horse-mint, Purple bee balm
MOUTARDE NOIRE : Black Mustard
MUSCADIER : Nutmegtree, Mace
MYRIQUE BAUMIER : Sweet gale, Candle berry, Bog myrtle, Meadowfern
MYRRHE AMÈRE : Mecca myrrh, Balm-of-Gilead, Bitter myrrh
MYRRHE DOUCE : Opoponax, Sweet Myrrh, Abyssinian myrrh, Yemen myrrh, Arabian myrrh
MYRTE COMMUN : Myrtle

NARD (DE L'HIMALAYA) : American Spikenard, Nard, Life of man, Pettymorell, Indian root, Indian spike, False indien valerian root, Spignet
NÉROLI BIGARADIER : Neroli
NIAOULI : Broad-leaved paperbark, Niaouli
NIGELLE DE DAMAS : Black caraway seed, Devil in the bush, Wild fennel

OIGNON : Garden Oignon, Bulb Onion, Shallot
OLIBAN : voir ENCENS
OPOPANAX VÉRITABLE : True opopanax
ORANGER AMER : Orange blossom
ORANGER DOUX : Sweet orange, Orange, Navel orange
ORIGAN : Oregano, Wild Marjoram, Wintersweet
ORIGAN D'ESPAGNE : Spanish oregano
ORIGAN VERT : Green Oregano

PALMA-ROSA : Palmarosa, Rosha grass
PANAIS : Wild Parsnip
PAMPLEMOUSSIER : Grapefruit
PARTHENELLE : voir GRANDE CAMOMILLE
PATCHOULI : Patchouli
PEMOU : voir BOIS DE SIAM
PERSIL FRISÉ : Parsley
PERSIL SIMPLE : Parsley
PÉTASITE OFFICINALE : Butterbur, Umbrella plant, Pestilence wort
PETIT GRAIN BIGARADIER : Petitgrain
PETIT GRAIN COMBAVA : Kaffir lime

PIN DES LANDES : Maritime pine, Cluster pine
PIN DES MONTAGNES : Sylver pine, White Pine, Mugo pine, Mountain pine
PIN LARICIO : Black pine, Austrian pine
PIN SYLVESTRE : Norway pine, Scotch pine
PITTOSPORUM : Mock orange, Australian Cheese wood, Orange-berry pittosporum, Victorian-box
POIVRE NOIR : Black pepper
POIVRE ROSE : Pink pepper, Christmas berry-tree, California pepper tree, Peruvian peppertree, Peruvian mastictree

RAIFORT : Horseradish
RAVENSARÉ ANISÉ : Ravensara
RAVINTSARA (ou RAVENSARÉ AROMATIQUE) : Camphortree
RHODODENDRON : Rhododendron
ROMARIN : Rosemary
ROSE (DE DAMAS, ou BULGARE) : Damask Rose
RUE ODORANTE : Common Rue, Rue

SABINE : Savin, Savin juniper
SANTAL BLANC : Sandalwood East Indian, hite saunders
SANTAL AMYRIS : West Indian rosewood, West Indian sandalwood, Balsam torchwood, Balsam amyris, Candlewood, Poison-ash
SANTOLINE : Lavender cotton
SAPIN : Balsam fir ou Eastern fir, Sylves fir ou Christmastree, Siberian Fir
SARRIETTE : Savory, Winter Savory
SASSAFRAS (DU BRÉSIL) : Sassafras
SAUGE D'ESPAGNE : Spanish Sage
SAUGE OFFICINALE : Sage, Kitchen sage
SAUGE SCLARÉE : Clary sage, Europe sage, Clary
SERPOLET : Wild Thyme, Lemon thyme, Large thyme, Creeping thyme
SKIMMIA : Skimmia
SOLIDAGE DU CANADA : Canada goldenrod
SOLIDAGE PUBÉRULENT : Downy goldenrod
SOUCHET ROND : Nutgrass, Cocograss, Nutsedge, Tirirca, Musta
SOUCI : Marigold, Pot marigold, Ruddles, Calendula
STYRAX (ou STORAX) : Storax, Oriental sweetgum
SUGANDHA KOKILA : Sugandha kokila, C. Nees berry oil

TAGÈTE GLANDULEUSE : Mexican mint, marigold Tagetes, Mexican mint, Mexican marigold, Wild

marigold, Dwarf marigold, Khaki-bush, Muster John Henry
TANAISIE ANNUELLE : Tansy
TANAISIE VULGAIRE : Common tansy, Golden-buttons, (Rainfarn ?)
TEA TREE : voir MÉLALEUQUE
TÉRÉBENTHINE : Terebinth, Turpentine tree
THUYA (OCCIDENTAL) : Arborvitae, White-cedar
THYM : Thyme, Garden Thym
THYM D'ESPAGNE : Spanish Thyme
THYM SATURÉIOÏDE : Thyme (borneol)

VALÉRIANE DES INDES : Indian valerian
VALÉRIANE JAPONAISE (ou KESSO) : Japonese valerian
VALÉRIANE OFFICINALE : Garden valerian, Common valerian, Gardenheliotrope, Valerian
VERGE D'OR : Artic golden rod, Aaron's rod
VERGERETTE DU CANADA : Canadian horseweed, Hogweed, Butterweed
VERVEINE DES INDES : Lemongrass
VERVEINE ODORANTE (ou CITRONNÉE) : Lemon beebrush, Lemon-verbena, Vervain, Verbena
VÉTYVER (ou VÉTIVER) : Vetivergrass
WINTERGREEN : voir GAULTHÉRIE

YLANG-YLANG : Ylang-ylang, Ilang-ilang

ZANTHOXYLE : Zanthoxylum
ZDRAVETS : Bigroot geranium
ZÉDOAIRE : Zedoary, Yunnan plume ginger, White turmeric, Kua

Table des matières

Cet ouvrage a été composé par
PCA - 44400 REZE

Impression réalisée sur Presse Offset par

CPI
Brodard & Taupin

45705 – La Flèche (Sarthe), le 04-03-2008
Dépôt légal : mars 2008

POCKET – 12, avenue d'Italie - 75627 Paris cedex 13

Imprimé en France